AF602579

REFVTATION DES THESES ERRONEES D'ANTHOINE VILLON dit le soldat Philosophe, & Estienne de Claues Medecin Chymiste, par eux affichées publiquement à Paris, contre la Doctrine d'Aristote le 23. Aoust. 1624. à l'encontre desquelles y a eu censure de la Sorbonne, & Arrest de la Cour de Parlement.

Ou sont doctement traictez les vrays principes des corps & plusieurs autres beaux poincts de la Nature; & prouuee la solidité de la Doctrine d'Aristote.

Par IEAN BAPTISTE MORIN Beaujollois Docteur en Philosophie & Medecine.

Dediée à Monseigneur le Chancelier.

A PARIS,
Et se vendent chez l'Autheur, dans l'Isle du Palais, en la Place Dauphine, à l'Escu de France.

M. DC. XXIV.

Auec Priuilege du Roy, & Approbation des Docteurs.

A MONSEIGNEVR HALLIGRE, CHANCELIER de France.

ONSEIGNEVR,

C'est vne maxime dont plusieurs Estats du Monde font encor auiourd'huy vne espreuue deplorable, qu'il n'y a rien de plus seditieux & pernicieux qu'vne nouuelle doctrine: Ie ne dis pas seulement en Theologie, mais mesmes en Philosophie. Car si selon S. Paul, & le docte Bellarmin en l'opuscule qu'il a faict de l'ascension mentale à Dieu, la vraye cognoissance des choses visibles & corporelles, c'est à dire la vraye Philoso.

phie naturelle, nous esleue & rauit à la cognoissance & amour des choses inuisibles & incorporelles; & sur tout de Dieu Createur de toutes choses, premier principe & derniere fin, ou se cõmencent & aboutissent toutes les sciences: Il est bien certain que la fausse Philosophie ou cognoissance des choses de la Nature, ne pouuant conduire l'esprit à mesme but, ains l'en destournant ne peut le mener qu'aux erreurs heresies & atheisme. Aussi tous les Athees & Deistes de ce temps deuiennent tels, pour se forger vne nouuelle Philosophie, & des nouueaux mais faux principes en leur ratiocinatiõ: Et ainsi presque toutes les heresies sont sorties de la Philosophie d'Aristote, ou niée, ou peruertie, & mal entẽduë; Puis les heresies ont diuisé les Esprits, d'ou sont ensuiuies les diuisions & ruynes des Prouinces & Royaumes tous entiers. C'est pourquoy en tous Estats bien policez, si tost que telle peste paroist, on en preuient de bonne heure les euenemens & punit on seuerement les Autheurs, de peur de s'en repentir sur le tard, si on tolere tant soit peu ce venin. Et cela a esté tressagement pratiqué ces iours passez contre vn Anthoine Villon, dict le Soldat Philosophe, & Estienne de Claues Medecin Chymiste, qui dans ceste grande & fameuse cité de Paris, siege de la Cour Royale, & du premier Parlement de France auoiēt par Theses affichées publiquement, declaré guerre ouuerte contre la Philosophie d'Aristote, auec dessein de totalement l'impugner & renuerser, si telle temerité n'eust esté promptement arrestee par Arrest du Parlement contre les Theſes & les Autheurs. Mais ie demeure fort eſbahy de ce qu'encores que telles Theſes ayent eſmeu vne Sorbonne & vn Parlemēt, ſi eſt-ce qu'entre tant de grands Philoſophes Peripateticiens, dont Paris eſt rēply, & qui s'en deuoiēt le plus eſmouuoir cōme ceux auſquels l'affaire touchoit le plus; Ie me ſuis trouué tout ſeul iuſques icy, qui en vne ſi belle occaſion aye entrepris ſa cauſe d'Ariſtote & de la verité: voire meſmes de la foy & commune croyance de l'Egliſe, touchant la perſonne de Ieſus-Chriſt, par ceſte refutation des Theſes de Villon: Laquelle partant bien approuuee de Meſsieurs les Docteurs de Sorbōne ie prends vne reſpectueuſe hardieſſe de vous addreſſer (Monſeigneur) comme à celuy que Dieu par ſpeciale faueur, & le Roy par

grande ſageſſe ont pour le bien & ſa-
lut de l'Eſtat, eſleué au ſupreme [illegible]
de la Iuſtice de ceſt Empire, [illegible]
me vn autre Argus vous [illegible]
ceſſe, & de tous coſtez [illegible]
peut troubler ou alterer po[illegible]
ter les remedes neceſſaires. Dign[illegible]
doute dōt la grandeur & l'eſclat me
repouſſeroit, ſi d'autre part ie ne me
voyois conuié par ceſte douceur & af-
fabilité que tout le Monde admire en
vous; & par l'inclination naturelle
que vous auez aux vrayes ſciences &
hommes doctes; Voire ſi ie ne me reco-
gnoiſſois particulierement obligé au
teſmoignage d'vn reſſentiment de
l'hōneur & bon accueil que par deſſus mon merite ie receus n'agueres de
vous. Ie vous ſupplie donc tres hum-
blement (Monſeigneur) vouloir acce-
pter ce labeur, quoy que petit en ap-

parence, mais important en effect, sous les fauorables aisles de vostre protection: Afin que de là il paroisse comme vn esclair effroyable aux calomniateurs & ennemis de la verité; Et ceste faueur fortifiera mon Genie & mõ dessein, à vous offrir quelque iour vne piece de plus riche estoffe & plus longue haleine: Et de prier cependant la diuine Majesté qu'il luy plaise prolonger vos annees, en heureuse santé, & combler vous & vostre maison de biens, d'honneurs, & de graces: Le tout afin de meriter l'honneur que i'ambitionne de me qualifier pour iamais.

MONSEIGNEVR,

Vostre tres-humble & tres-affectionné seruiteur, I. B. MORIN.

A Paris ce 29. Nouembre 1624.

REFUTATION

Des Theses erronées d'Anthoine Villon, dit le Soldat Philosophe, & Estienne de Claues, Medecin Chymiste, par eux affichées publiquement, contre la doctrine d'Aristote, à Paris le 23. Aoust, 1624.

E ne pense pas qu'il y aye rien de plus dommageable à l'Esprit de l'homme, que la fauce presomption d'exceller les autres en sçauoir. Car de là naist quant & quant vn orgueil, qui prenant origine de la fauceté, porte tout a fait l'Esprit à impugner la verité. Or la fauceté n'estant que tenebres, ces Esprits qui s'y trouuẽt enueloppez à tout coup, viennent à heurter ou la lumiere naturelle, ou la lumiere de la foy, sans que mesmes ils s'en apperçoyuent. Telle presomption se rencontre pour l'ordinaire en deux sortes d'Esprits: les vns sont pesans, hebetez, & incapables de cõceuoir la verité, mais opiniastres à soustenir ce qu'ils ont vne fois conceu, ou de faux, ou de vray: Et les autres sont des Esprits legers, inquiets & bouillans, qui ne pouuãs prendre la patience d'aller au fonds d'vne science, pour en bien recognoistre les racines & principes, se contentent de voltiger sur la superficie, & iuger selon leur caprice des choses qu'ils y descouurent. Il y en a d'autres qui ne pechẽt pas par ignorance, ains de gayeté de cœur impugnẽt la verité à eux cognuë Comme les Heresiarques, & *M*inistres, heretiques: Mais ceux-cy portent en l'Esprit la marque du diable pere de mensonge, comme les sorciers la portent au corps. Or ie ne veux mettre Anthoine Villon Soldat Philosophe, au premier rang ny au dernier, ie le veux mettre au milieu; Car en effect c'est vn Esprit tout de feu, auquel si vous parlez de quelque science que ce soit. Philoſophie, Aſtrologie, Chymie, Cabale, Theologie, Medecine, Iuriſprudence, il les ſçait toutes, & à ſon aduis mieux que tous les hommes du monde. Mais ſe peut-il rien voir de plus gentil que d'auoir leu en public l'Aſtrologie iudiciaire, ſans ſçauoir ny Aſtronomie, ny vne ſeule regle d'Arithmetique, & quãt & quant en auoir mis en lumiere vn liure en François, qui n'eſt autre choſe que la traduction d'Origan. Il eſt Chymiſte tout de meſme: Car qui luy donneroit a faire vne eau forte, ou a extraire, ſublimer, ou fixer les Eſprits, ou a calciner vn metal, on ne vid iamais homme plus empeſché, & gaſteroit tout. Et ainſi de toutes ſes autres ſciences. Car s'il y en a aucune ou il deuſt exceller, ſans doubte ce ſeroit la Philoſophie, de laquelle il a long-temps fait profeſſion publique à Paris: Mais bien que l'exercice l'aye rendu fort pratic en la chicane des diſputes, ou ſon Eſprit s'eſt dauantage pleu qu'a bien chercher la verité, ſi feray-ie voir cy deſſoubs & tres-euidemment, qu'au fonds il ſe monſtre par ſes Theſes le plus ignorant Profeſſeur en Philoſophie, que nous ayons veu de long-temps.

Il faut doncques ſçauoir que le ſuſnommé Villon, s'eſtant par opinions extrauagantes qu'il enſeignoit & ſouſtenoit és diſputes publiques, & par quelques actions pleines de temerité, acquis parmy le commun (qui treſ-rarement iuge bien des choſes) vne renõmée, le vaiſſeau de laquelle il voyoit ſingler à pleines voyles enflées de vanité, & aſpirant au degré ſuperlatif d'vne vaine gloire, il ſe reſolut de paſſer la ligne, ſans apprehenſion de peril ny de naufrage; & faire vne action en verité des plus temeraires qui ſe ſoyent iamais faictes. Sçauoir d'afficher & ſouſtenir Theſes publiques contre toutes les ſectes des plus celebres Philoſophes qui ayent eſté iuſques icy; & principalemẽt de renuerſer toute la Philoſophie d'Ariſtote, laquelle entre les autres eſt la mieux approuuée des Peres de l'Egliſe, & miſe parmy eux en pratique ordinaire pour les diſcours d'eſſence, de ſubſtance, d'accident, de matiere, de forme, de cauſe efficiente, & d'effect.

Plusieurs de ses amis taschoyẽt de l'en dissuader, & moy aussi, iusques à luy asseurer en bõne cõpagnie, que si ie me trouuois à ses disputes, comme ie n'y manquerois, il n'en sortiroit pas à son honneur. Mais quand vne fois ceste sorte d'Espris à pris l'essor, on a beau les reclamer, il faut qu'ils passent leur fougue, & tumbent deux mesmes.

Or il vouloit entreprendre son dessein par le moyen de la Chymie, mais parce que comme des autres choses il n'en sçauoit que superficiellement, il s'auisa de la malice du singe, qui est de tirer ler marrons du feu auec la patte du chat. Ayant doncques attaqué vn nommé de Claues Medecin, qui faisoit profession publique de Chymie, (des experiences, maximes, & protection, duquel il se vouloit fortifier & seruir) il luy fait conceuoir vne si grande esperãce de gloire & de profit par ceste actiõ, s'il s'y vouloit ioindre qu'il l'auoit embarqué pour les frais de l'action, & de toute la soufflerie qui pouuoit y estre necessaire l'espace d'vn mois, pendant lequel il vouloit soustenir Theses cõtre toute la Philoſophie d'Ariſtote. Ayans donc fait leur complot, & cõferé leurs fleuttes, ils affichent par deux diuerſes fois vn deffi public à toutes les Eſcoles, ſectes & grands Eſprits: Et le vendredy 23. d'Aouſt, ils affichent les Theſes cy deſſoubs, pour eſtre ſouſtenuës les Samedy & Dimenche 24. & 25. dudit mois, pendant toute l'apres-diſnée, dãs l'Hoſtel de la Reyne Marguerite: Et cecy non dans vn village, mais dans vne ville de Paris, à la face de la Sorbonne, de toute l'vniuerſité, & du plus fameux Senat qui ſoit au monde. Auſquels ils furẽt ſi oſez que d'aller porter des Theſes & les conuier de venir eſtre ſpectateurs d'vne telle action.

Or il faut remarquer qu'vn nommé Iean Bitaud Xaintongeois, eſcolier en Chymie de de Claues, deuoit ſouſtenir l'inexpugnable verité de ces Theſes (dit le texte.) l'Arbitre ou Preſident deuoit eſtre Anthoine de Villon, autrement Soldat Philoſophe, & profeſſeur Peripatetic en l'vniuerſité de Paris, qui ſont des qualitez grandement bigearres, incompatibles au ſubjeſt qui ſe preſente.

& aufquelles ie ne voy point d'honneur pour ledit Villon. Car s'il s'honnore de la qualité de foldat pour auoir efté foldat à la guerre, les foldats qu'on voit par les ruës, tefmoignent affez le peu d'hõneur & de biẽ qui en vient: fi pour eftre foldat en Philofophie, ie m'eftonne cõme luy qui veut renuerfer tous les Princes de la Philofophie, Platon, Ariftote, Galien, Paracelfe & les autres s'arrefte à vne fi baffe & chetifue qualité, & que comme autheur d'vne fecte nouuelle il ne s'en appelle Prince, ou pour le moins General des Philofophes; cela fans doute luy conuiendroit beaucoup mieux. Mais riẽ ne m'eftõne tant que de voir qu'il s'appelle encor Profeffeur Peripatetic en l'vniuerfité de Paris: Et me fait refouuenir de Luther fuperbe & feditieux herefiarque s'il en fut iamais, qui apres auoir franchi le fault de l'herefie, ne laiffa pas de porter fon habit d'Auguftin, quoy qu'il prefchaft contre tous les ordres de l'Eglife, & le fien propre. Car fi la fecte des Peripateticiens eft fauce, erronée & pleine d'abfurdités, de refueries & de malice comme il dit, que n'en rejette-il la qualité, & non pas s'en honorer. Est-ce pas là vn traict ou d'ignorance ou de malice qu'il attribue à Aristote? Finalement si les parties aduerses n'estoient satisfaictes des sentences & iugemens rendus par le President Villon: Il y deuoit auoir appel à Estienne de Claues, Docteur Medecin, grandement experimenté en la Chymie (dit l'Histoire) qui auec alembics & cornues eust prononcé des arrests bien cornus. Somme que Villon par la chicane des disputes (propre inseparable de tels Esprits) & de Claues par ses operations Chimiques dont fort peu de personnes sont capables de iuger, faisoient leur cõpte au cas qu'ils en vinssent aux mains, de si bien ietter la poussiere aux yeux des assistans, que ou de bond, ou de volée ils s'en feroient accroire par dessus les murailles. Mais Villon auoit fort mal cõsulté son Astrologie pour l'issuë d'vn affaire si dangereux & important, ou il estoit menassé de mal-heur.

Car Monseigneur le premier President de la Cour de Parlement, ayant receu le vendredy vne copie des Theses de la main de Villon, apres les auoir meuremēt considerées, tres-sagement luy enuoya sur le champ faire deffences de les soustenir à peyne de la vie, puis s'en alla en sa maison de Conflans à vne petite lieuë de Paris: Et le lendemain matin Villon fut encor si osé que de l'aller trouuer pour faire leuer les deffences, & ne le pouuant obtenir, luy & de Claues, sans parler de leurs deffences ne laisserent d'assembler l'apres-dinée huit ou neuf cens personnes qui accoururent de tout Paris à vne si superbe action, au logis de Monsieur de Guerseran, iadis Hostel de la Reyne Marguerite, & les faire morfondre de chaleur iusques à trois heures apres midy, attendāt Messieurs de la Cour que ces belles gēs nous faysoient accroire deuoir assister aux disputes. Et comme l'on se mit a crier sur la trop longue attente, ils firent distribuer deux gros paquets de Theses à toute l'assistance. Apres tout cela Villon mesmé vint par deux fois à la sale, dire qu'il falloit transporter les sieges à la cour, parce que la sale estoit incapable de contenir l'assemblée. Et comme on luy remõſtra que les Theſes auoyẽt eſté diſtribuées en la ſale ou tout eſtoit arrangé en bon ordre, & ne manquoit plus que luy qu'on preſſoit de ſe mettre en chaire pour ſouſtenir ſes Theſes: Il vint finalement pour la troiſieſme fois dire (choſe laquelle perſonne ne ſoupçonnoit ſeulement) qu'on venoit de luy faire deffence de ſouſtenir ſes Theſes, partant qu'il ne les ſouſtiendroit point: Et comme cela ſe mocqua de toute l'aſſemblée qui demeura longtemps ſans ſçauoir ce qu'elle en deuoit croire. Mais comme on vid que c'eſtoit tout de bon, pluſieurs en furent indignez, diſans que telles deffences laiſſeroyent vne impreſſion au peuple, que Villon auoit peu ſouſtenir ſes Theſes, & qu'il s'en vanteroit, qui eſtoit tout ce qu'il demandoit. En fin apres que luy & de Claues eurent eſtez huëz & ſifflez, ils ſe retirerent, & la compagnie apres. Mais ce ne fut pas tout: car peu de iours apres la Sorbonne cenſura les Theſes, & la Cour de Parlement par Arreſt du 4. Septembre, 1624. fit faire cõmandement à iceux Villon, de Claues & Bitaud de ſortir dans 24. heures de la ville de Paris, Auec deffences de ſe retirer és villes & lieux du reſſort d'icelle Cour, & d'enſeigner la Philoſophie en aucune vniuerſité d'iceluy. Et voyla enquoy s'eſt terminée l'ambition & vaine gloire de Villon, duquel s'enſuyuent les Theſes, que i'ay voulu traduyre mot à mot en François, afin que ſa capacité ſoit recognuë de ceux meſmes qui ignorent la langue Latine.

THESES PVBLIQVES.

Contre les dogmes d'Ariſtote, de Paracelſe & des Cabaliſtes.

Deſdiées à l'Immortalité.

I.

A premiere matiere que les Peripateticiens conſtituent pour principe ſubjectif de la tranſmutation, ſoit quelle aye exiſtence d'elle-meſme, ou de la forme, eſt

du tout controuuée sans aucun fondement. Car luy-mesme s'est trompé aux generatiõs qu'il a creu en ces choses inferieures, & auec luy tous les autres qui suyuẽt son opiniõ.

II.

Aussi les formes substantielles (excepté la raisonnable) sont par les Aristoteliciens deffenduës non moins absurdement que la matiere; veu que par icelles ils entendent certaines substances incompletes, constituantes auec la matiere vn composé substãciel, vn par soy. Car la matiere estant ostée du cõposé naturel, de necessité il faut aussi oster les formes pour le moins materielles.

III.

Aux transmutations naturelles (en quelque façon qu'on les imagine arriuer) parce qu'elles sont mouuemens, les Aristoteliciẽs mettent la priuation pour principe ou terme d'où: mais mal. Veu que selon l'opinion mesme de ceux qui admettent la matiere & la forme pour les deux autres principes, la generation est possible sans aucune preexistente priuation en la matiere, comme il sera facilement cogneu à qui le recherchera.

IIII.

Les Peripateticiens assignent mal le nombre des Elemens, soit que par eux ils entendent les parties integrantes du Monde sublunaire, ou bien les corps desquels les mixtes sont composez, & ausquels ils se resoluent. Car ce monde est constitué de moins de quatre, & le mixte de plus. Lesquelles deux choses correspondent à l'experience, à la raison, & à l'atanomie de tous les mixtes.

V.

Car le mixte est composé de cinq corps simples ou elemens, existans en luy actuellement & formellement, sçauoir de Terre, d'eau, de sel, de souphre ou huile & de Mercure ou esprit acide : qu'on doit estimer les vrais & seuls principes naturels ; comme ceux qui ne sont faicts ny d'eux-mesmes, ny d'autres choses,, mais desquels sont faits tous les composez naturels.

VI.

Ces principes sont ingenerables & incorruptibles, & de mesme espece infime dãs tous les mixtes, quoy que l'ignorant vulgaire des Chymistes auec Paracelse vueille dire contre. Car la diuersité des sels, sou-

phres & mercures si aucune paroit és diuerses resolutions des mixtes, est en fin reduite par depuration & separation les choses heterogenées, à vne omogeneité par les sçauans.

VII.

Neantmoins de la diuerse mixtion & contemperation de ces cinq principes selon la quantité, procede toute la diuersité qui se trouue és composez purement materiels, soit qu'elle soit generique, specifique, ou indiuiduelle; veu que par la seule vnion & mixtion d'iceux sans production d'aucune nouuelle entité, sont faits tous les composez, excepté l'humain.

VIII.

Aussy de la diuerse mixtion & contemperation des principes procede toute action, & mouuement au moins corporel, qui se trouue en chaque composé sensible. Et non de cest agent & esprit vniuersel, sçauoir du feu que quelques vns ont excogité en dormant pour principe de toutes actions; & donné pour vn tres-grand secret à plusieurs personnes principales de ceste ville.

IX.

Or ce Monde sublunaire est composé seulemeut de deux Elemens comme de parties integrantes, ſçauoir de Terre & d'Eau ; car l'air ne differe point eſſenciellemẽt de l'eau. Et le feu elementel ne doit point eſtre mis au concaue de la Lune, veu qu'il n'eſt point diſtingué du Ciel Empirée. Toutes leſquelles choſes bien qu'on les voye alienées de la Philoſophie, il n'eſt toutefois difficile de les prouuer par demonſtration.

X,

Les Peripateticiens ont ſongé quand parlans peu conformément à la nature des choſes, ils ont dit que les vrayes & phyſiques alterations ſe font par introductiõ ou de perdition de quelque nouuelle & ſeule entité accidentelle, le ſubject demeurant inuarié ſelon la ſubſtance ; veu que naturellemẽt iamais aucune ne ſe peut faire ſans addition ou detraction des principes, ou diuerſe mixtion d'iceux.

X I.

Dauãtage les Ariſtoteliciẽs ont erré quãd ils ont attribué au feu la ſechereſſe par excellence ; car c'eſt le plus humide de tous les corps. Et l'exſiccation que le vulgaire des Philoſophes penſe luy conuenir eſt cõtrouuée : auſſi bien que la tres-grande peſanteur de la Terre, laquelle en vraye Philosophie est plus legere que l'eau, bien qu'à l'abord elle semble estre cachee soubs icelle; mais il faut attribuer cela à la mixtion & heterogeneité.

XII.

Les Aristoteliciens admettent sans fondement des qualitez virtuelles productrices des premieres; veu que toutes les experiences qu'ils vantent pour leur opinion peuuent facilement estre resolues par les substances actuellement & formellement existentes dans les corps qui produisent telles actions, comme chacun pour peu qu'il soit versé ez choses naturelles pourra facilement cognoistre, par vne subtile recherche de ces effects.

XIII.

Il n'y a rien de plus absurde ny de plus repugnant à l'experiēce, que la transmutation que les Peripateticiens afferment entre les Elemens. Car la terre est tousiours terre, & en nulle maniere transmuable en eau, ou autre element que ce soit, comme ny l'eau en terre, ny l'air en feu. Ce que nous asseurons aussi deuoir estre dit des autres principes sel, huile & esprit.

XIIII.

XIIII.

Par toutes ces choses. il est tres-manifeste que ces deux dits des Anciens, Toutes choses sont en toutes choses & toutes choses sont composees d'atomes ou indiuisibles, ont esté ignoramment ou plustost malicieusement bafouëz par Aristote. Et parce que l'vn & l'autre est conforme à la raison, à la vraye philosophie, & à l'anatomie des corps nous les deffendons obstinément, & soustenons fermement.

Voila doncques les Theses de Villon: où vous voyez comme il fait littiere des plus grands chymistes & philosophes de l'antiquité, & ne les tient que pour gens vulgaires & ignorans; & sur tous vilipende Aristote Genie de la nature, & ceux de sa secte d'vne maniere intolerable. Or parce qu'elles sont pleines d'erreur & d'heresie ainsi que ie prouueray cy dessoubs, il n'y a point de doubte que le procedé dela Sorbonne & de la Cour a esté tres-iuste & necessaire. Mais parce que Villon n'est pas vn esprit à se payer de censure ny d'arrest, ains à s'en picquer dauantage & mal faire son profit: Voire que plusieurs amis & escoliers desdits Villon & de Claues sont demeurez imbus de ceste fauce opiniō aussi bien que leurs maistres, que les theses estoyent d'inexpugnable verité, & font courir des mesdisances contre la censure & l'arrest; Pour les tirer de cest erreur & le public aussi, i'ay creu qu'il estoit encor grandement vtile de les refuter. Et de faict i'en donna ma parole le iour de l'assemblée tant à plusieurs hommes doctes de ma cognoissance, qu'à Villon mesmes, puis qu'à cause des deffences ie ne les pouuois refuter par dispute publique: Mais dés le lendemain ie me vis emporté hors ceste ville pour trois sepmaines, & le lendemain de mon retour arresté au lict malade par l'espace de six sepmaines. Ie croyois donc pendant ce temps que veu l'importance des theses, la reputation du personnage, & l'arrest de la Cour ensuiuy, plusieurs doctes esprits n'auroyent laissé eschapper ce beau subiect d'escrire, puis qu'on void tant d'escripts pour des niaiseries & bagatelles. Et partant que cela &

ma maladie me seruiroit d'excuse legitime pour ne pas acquitter ma promesse. Mais voyant au retour de ma santé que pour ces theses qui auoyent esmeu vne Sorbonne & vne Cour de Parlement de Paris, personne des Philosophes peripateticiens ausquels l'affaire touchoit particulieremēt, n'estoit entré en lice contre le soldat Philosophe, & que la place me demeuroit libre: i'ay creu n'auoir plus d'excuse legitime, & partant qu'il me falloit ou acquitter ma promesse, ou laisser vne mauuaise impression de moy en l'esprit de plusieurs qui croiroyent que ie ne l'aurois peu faire. Ie refute donc ces theses pour quatre raisons. La premiere pour la defence de la verité, qui y est trop licentieusement impugnée, & laquelle i'ayme de passion naturelle. La seconde pour l'honneur de la secte d'Aristote qui y est vilipendee. La troisiesme, pour l'honneur de ceste Cité tres-celebre de Paris, & empescher Villon de se vanter icy ou ailleurs que dans Paris il ne s'est trouué homme qui aye eu la hardiesse & la capacité de refuter ces theſes, & qu'il peut renuerſer la doctri-ne d'Ariſtote, à quoy il ne manqueroit: voire encore luy faire recognoiſtre ſes erreurs, de peur qu'il ne continuë à ſe-duire les eſprits, auiourd'huy par trop cupides des nouueautez. Et la quatrieſ-me, pour acquitter ma promeſſe & degager ma reputation.

Or ie le fay par des raiſons ſi naturel-les & naïfues, que bien que les matieres ſemblent fort difficiles, ſi n'eſt il beſoing que de la ſimple lumiere naturelle pour me comprendre. Et croy que Villon meſme en fera ſon profit s'il eſt raiſon-nable. Ie le fay toutefois fort ſommaire-ment, tant par ce que i'ay autre choſe à faire, que par ce qu'il n'eſt pas beſoing de beaucoup de paroles ou peu ſuffiſẽt. Mais quant aux principales colomnes de ces Theſes, ie les ſecouëray ſi verte-ment qu'on verra tres-bucher & boule-uerſer tout ce phantaſtic baſtimẽt d'or-gueil, d'ignorance & de confuſion: Et ſi ie ne ſuiuray l'ordre des Theſes, mais de la doctrine tant que faire ſe pourra: afin de plus methodiquement tirer vne cho-ſe de l'autre, & rendre le tout plus intel ligible à vn chacun. Disons seulement vn mot en passant sur le superbe frontispice des Theses.

Theses publiques.

De peur qu'on ne vienne a chopper contre le sueil de la porte, Ces Theses ne sont pas appellées publiques pour proceder de la voix publique; car elle ne procedent que de la voix d'vne seule & indiuiduelle ceruelle, & iamais persõne n'a encore parlé de la sorte, mais elles sont seulement appellées publiques, parce qu'elles sont exposées aux esprits pour peste publique.

Contre les dogmes d'Aristote, de Paracelse, & des Cabalistes.

Si cela ne sent furieusement son Soldat, pour le moins il sent tout à fait son Philosophe, Parmenide, Melisse, Democrite, Empedocles, ou Epicure.

Car osté la secte d'Aristote qui comprẽd Hipocrate, Galien, & tous les Docteurs Peripateticiens de l'Eglise: Celle des Cabalistes qui embrasse les Pythagoriciens, & Platoniciens: Et celle de

Paracelse qui contient Hermes, Geber, Raymond Lulle, Isaac Hollandois (le plus profond & scientifique naturaliste qui aye iamais escript) & les autres Princes de la Spagirie; Il ne reste plus de tous les anciens que les sectes de Parmenide, Melisse, Democrite, Empedocles, & Epicure, tenuës pour erronées, & pleines de folles resueries, mesme par les Payens, lesquelles Villon n'attaque point.

Dediées à l'Immortalité.

Il m'a voulu imiter en ce mot, car il y a quelque temps que ie mis en lumiere vne mienne conception qu'il a veuë, & pour quelque consideration ie la dedié à vn Cardinal des meilleurs esprits de l'Europe, soubs le nom de l'Immortaiité, bien asseuré que i'estois de l'Immortalité du subject. Et ainsi en a voullu faire Villon de ses Theses: Mais il les à fort mal addressé, puis que l'Immortalité à voulu qu'au lieu d'estre soustenuës publiquement, elles fussent déchirées publiquement par Arrest d'vne Cour souueraine

& que mesme l'Arrest luy en fut conserué és escoles de Paris.

Refutation des Theses 4. 5. & 9.

Or il est temps de donner le premier assaut à ces Theses, & commencer à descouurir l'ignorance de ces Philosophes par le nombre des principes qu'ils donnent & au monde & au mixte. Les Peripateticiens assignent mal le nombre des Elemens (dit Villon en sa 4. these:) Parce que le Monde sublunaire (dit-il en la 9.) est composé seulement de deux Elemens comme de deux parties integrantes, sçauoir de Terre & d'Eau, car l'air ne differe point essentiellement de l'Eau. Et en la 5. these il dit que le mixte est composé de cinq Elemens, sçauoir d'Eau, de Terre, de Sel, de souphre & de Mercure, qui sont dans le mixte actuellement & formellement, & comme vous pouuez penser plus differens essentiellement que l'Eau & l'Air à son compte, autrement par sa raison ils ne seroyent pas cinq. Or se peut-il voir vne plus grande ignorance que d'auoir composé le mixte de plus d'Elemens qu'il ne s'en trouue dans le Monde ſublunaire? Encor faut-il venir à compte, & ſçauoir du du mixte ou il a prins ſes cinq elemens: Car puis qu'il a eu ſa production, ou eſté fait dans le Monde ſublunaire, il ne peut en ſa facture les auoir eu que du Monde ſublunaire, ou de ſoy meſme, ou de quelqu'autre mixte, veu qu'apres cela il ne ſe trouue plus rien ez choſes ſublunaires. Or du Monde ſublunaire il ne peut auoir que la Terre & l'Eau, par la 9. theſe, deſquels ne peuuent proceder ou eſtre faits le ſel, le ſouphre, ny le Mercure par les 5. & 6. theſes où ils ne ſont faits l'vn de l'autre, ains ſont ingenerables & incorruptibles; Il aura donc eu ces trois Elemens, ou de ſoy, ou d'vn autre mixte. Non de ſoy, car ſi luy-meſme les cõtribuoit à ſa facture. il faudroit qu'il fut auant qu'eſtre fait, ce qui eſt impoſſible. Que s'il les a eu d'vn autre mixte, ie demãderay tout de meſme ou eſt-ce que les à pris c'eſt autre mixte; Et ainſi meneray battant mes Philoſophes iuſques à l'infiny. Il

faut

faut donc par necessité, qu'ils confessẽt de deux choses l'vne, ou que le mixte n'a point de sel, de souphre, ny de Mercure; ou que le Monde sublunaire est composé de plus de deux Elemens. Or tout mixte à sel, souphre, & Mercure par experience chimique; donc le Monde sublunaire est composé de plus de deux Elemens differens essentiellement: voire elemẽs qui puissent donner les sel, souphre, & Mercure du mixte; car puis que par la raison cy dessus il ne les peut auoir de soy, ny d'vn autre mixte, il faut de necessite qu'il les prenne des seuls elemẽs du Monde sublunaire: ou bien pour composer leur mixte ie les enuoyeray chercher du sel, du souphre & du Mercure en vn autre Monde, qui seroit vne folie pour faire rire les doctes. Et tout ce que dessus, est si serré qu'il n'y a distingo ny chicane qui le puisse rompre ny y prendre place.

Mais comment peut dire Villon, que l'Eau & l'Air ne different pas essenciellement? veu que sans parler des differences accidentelles entre les corps de l'Eau & de l'Air, plus grandes certes qu'entre le souphre & le Mercure; & sans parler que les animaux de l'Eau meurent en l'Air tout soudain: Et ceux de l'Air en l'Eau; Il est tres euident que l'Air a vne proprieté specifique ou de la quatriesme mode, sçauoir la vitale inspirabilité laquelle par soy conuient à tout Air, au seul Air, & tousiours. Et pour le feu elementel, n'est-ce pas vne grãde temerité à luy, de dire en sa 9. these qu'il peut facilement demõstrer qu'il ne differe pas essentiellement du Ciel empyree & qu'il ne peut estre que là; & non soubs la Lune. Aristote tout payen qu'il estoit a bien eu plus de respect au Ciel des estoilles, auec lequel il a asseuré que le feu elementel n'auoit rien de commun & estoit vil en comparaison: C'est au 3. chap. du 2. liure de la generation des animaux; iugez ce qu'il eust dit du Ciel où Dieu & les bien-heureux habitent. De plus si le Ciel empyree est le feu elementel, de necessité la definition d'element luy conuiendra, & par consequent il entrera en la composition des mixtes cõme les autres Elemens, & principes par la cinquiesme these. Car rien n'est dit elementel, qu'a raison de ce qu'il entre en la mixtion des choses elementées. Or que le Ciel empyree entre en la composition des chiẽs, loups, crapaux, serpens, & autres mixtes, & leur serue de matiere, c'est vne heresie abominable. La forme qui est bien plus excellente ne vient pas mesme de si haut comme nous dirons tantost.

Disons donc maintenant que puis qu'il faut de necessité admettre au Monde sublunaire plus de deux Elemens comme i'ay demõstré cy dessus, & que l'Air a vne proprieté a luy specifique; & que le feu elementel n'est point le Ciel empyree; & que neantmoins entant qu'element il doit entrer en la composition des mixtes par la definition de la 5. These: De necessité il faut encor admettre ces deux especes d'elemens, l'Air & le Feu au Mõde sublunaire. Aristote a prouué tres-doctement le nombre des 4. par les mouuemens simples, dont les corps sublunaires sont naturellement portez, en ligne droicte vers la superficie, ou le centre du Monde : Et encor par la legereté & pesanteur absoluë & comparée ; & par le nombre, & combinations des premieres qualitez elementelles, chaud, froid, sec & humide, qui toutes ne peuuent estre naturelles à deux seuls Elemẽs froids, la Terre & l'Eau. Mais parce que Villon a peut estre veu tout cela, & qu'en sa dixiesme these il rejette tout a fait ces entitez accidentelles ; & par tout nie Aristote & ses definitions ; Ie ne sçache meilleur expedient que de le prendre par le bec : car le mensonge s'entretaille tousiours, comme il s'est entretaillé au Feu, lequel s'il n'eust aduoüé estre elemẽtel, i'eusse esté en peine de chercher vn autre biaiz pour le prendre. En quoy ne m'eussent empesché les raisons de Cardan, qui concluẽt vne perpetuelle clarté en l'Air, & vne perpetuelle ardeur sur la face de la Terre, au cas qu'on admette le Feu au dessus de l'Air : car elles sont si grossieres & incompatibles auec la nature de la rareté des Elemens superieurs, & auec vrayes causes de la perpetuelle froideur de l'Air moyen, par moy données, en mon Anatomie ſublunaire, que ie ne daignerois en dire autre choſe. Mais pour Tycho Brahe, Keplerus & autres grands Aſtronomes de ce ſiecle, qui par raiſons & demonſtrations optiques, bien que ſubtiles & pregnantes ont oſté le Feu de deſſus l'Air, à la barbe de tous les Philoſophes ſcholaſtiques, dont vne partie ſe rend aux demonſtrations optiques, & l'autre ne ſçait ou elle en eſt: bien que ie n'y reſponde à preſent, tant pour ne faire vne trop lõgue digreſſion, que pour reſeruer ma reſponce à vne occaſion plus ſolemnelle; ſi eſt-ce que i'aſſeure bien qu'il n'y a raiſon optique qui me puiſſe empeſcher de remettre le Feu au deſſus de l'Air, & au deſſus du Feu y admettre la region etheree ou celeſte, de ſubſtance encore plus rare & ſubtile que le Feu. Et ne veux pour principe de ma demonſtration à ceſt effect, me ſeruir que des propres experiences optiques de Keplerus & des autres touchant les refractions; bien eſtonné que ie ſuis, que pour des grands hommes comme ils ſont, ils n'ayent pris garde à vne choſe grandement sensible.

Mais pour reuenir à nos gens, ie trouue bien estrange que pour des Chymistes ils ayent nié les quatre Elemens : car iamais Chymiste ne les auoit encor nié; qui me faict croire que de Claues est innocent de ceste negatiue, qui est purement de la Philosophie de Villon. Mais pour l'affirmatiue que le mixte est composé de cinq principes, ie tiens qu'elle est plus de de Claues que de Villon : mais de qui qu'elle soit, ie leur demande pourquoy est-ce qu'ils mettent cinq principes des mixtes. Tous les autres Chymistes anciens & modernes n'en ayans mis que trois, sel, souphre & Mercure ? Est-ce qu'ils ayẽt faict ceste nouuelle descouuerte en la nature ? Ils se trompent bien lourdement s'ils le pensent. Car il n'y a iamais eu Chymiste qui n'aye parlé de la terre ou teste morte, & de l'eau ou humidité superfluë qui se trouuent és mixtes: Mais iamais aucun ne leur auoit encor fait cest honneur de les admettre au nõbre des principes ; au contraire tous les ont reiettez de ce nombre, tant parce qu'ils ne sont (comme ils affirment) de l'intrinseque & radicale composition du mixte, n'ayans aucune vertu ny qualité actiue pour la Medecine soit des metaux soit des hommes; que parce qu'ils ne sont qu'excremens ou cruditez des trois, sel, souphre, & Mercure, que seuls ils ont recogneus pour principes intrinseques; ioint que ces trois se trouuent en tous les mixtes, & non la terre & l'eau cy dessus qu'on ne voit qu'ez corps excrementeux, cruds, & imparfaits: Mais en l'or parfaictement purifié par l'antimoine ou l'eau royale de Claues n'y trouuera iamais ny eau superfluë, ny teste morte, & neantmoins c'est vn mixte tres-parfait. Ioinct encor que Geber & Isaac Hollandois (chacun desquels sans s'incõmoder a plus despendu de quadruples en la Chymie que iamais Villon & de Claues ensemble n'y pourront despendre de mailles) ont donné plusieurs methodes non moins asseurees en demonstration que les propositions d'Euclide pour purger les mixtes, & principalement metalliques de leur eau ou terre ſuperfluë, & de leur ſouphre combu-ſtible, en ſorte qu'il ne reſte que les purs ſel, ſouphre & Mercure du mixte; qui au compte de ces Philoſophes, ne ſeroit plus mixte, parce qu'il ne ſeroit composé que de trois principes. Ce ſeroit doncques vn corps qui ne ſeroit ny ſimple ny mixte.

O Theſe donc en verité digne d'eſtre dediée à l'Immortalité, ou Villō & de Claues triomphans dans l'ordure des mixtes, & l'eſleuans au degré des principes, par leur cinquieſme theſe, ont merité par la ſixieſme d'eſtre eſleuez eux-meſmes par deſſus tous les jadis Princes de la Chymie, & ne les appeller d'oreſna-uant que l'ignorant vulgaire des Chymiſtes.

Refutation des Theſes, 1. 2. 3, 5.

Remontons maintenant à la premiere theſe. Il y dit que la matiere eſt vne choſe controuuée; En la ſeconde qu'oſtée la matiere du composé naturel, de neceſſité il faut auſſi oſter les formes; En la 3. qu'aux tranſmutations naturelles la priuation n'eſt point principes: En la cinquiesme il establit ses cinq Elemens, Terre, Eau, Sel, Souffre & Mercure pour vrais & seuls principes naturels, desquels sont faits tous les composez naturels. Or ie veux renuerser ces 4. Theses tout a la fois. Mais pour le faire auec plus de volupté pour les bons esprits, ie veux tirer vn rideau soubs lequel paroistra vn miroir excellent, auquel Villon, de Claues, & tous autres qui iusques icy se sont chicanez sans se pouuoir accorder des principes des corps, venans à se presenter; trouueront que ce n'est pas vn miroir enchanté ny a enchanter, mais plustost à des-enchanter leurs Esprits, & leur representer l'ignorance qui les enchante.

Ie dis donc que le corps à esté de de tout temps consideré diuersement par diuers Philosophes. Hipocrate, Galien, Auicenne, & les autres Princes de la Medecine, l'ont cõsideré entant qu'animal. Geber, Raymond Lulle, Isaac Hollãdois, Paracelse, Seuerin Danois & toute la secte des Spagyriques ou Chymistes l'ont cõsideré plus vniuersellement ou generiquement, sçauoir eſt entant que mixte: Mais Ariſtote & les autres Philoſophes qui ſe ſont occupez à la ſpeculation des choſes du tout vniuerſelles l'ont cõſidere en ſon genre ſupreme, & entant que corps ſeulement. Or il eſt certain que tout ce qui conuient actuellement au genre ſupreme, conuient actuellement auſſi aux genres ſubalternes, mais non au cõtraire. Galien donc & les autres de ſa ſecte, conſiderans le corps entant qu'animal ſeulement (capable neantmoins de maladie & de ſanté) ont eu tres-iuſte raiſon de dire qu'il eſtoit compoſé de ces 4. humeurs, ſang, phlegme, bile, & melancholie; Tant parce que ces 4. ne ſe trouuent qu'ez ſeuls corps des animaux; que parce que ne faiſans point de diſtinction eſſencielle, entre le ſperme (premier ſubject de la generation des animaux) & la maſſe ſanguinaire qui comprend les 4. humeurs, ils voyoyent que rien ne s'adjoignoit à icelle ſemence pour la fabrique, vegetation, & accroiſſement du fœtus que la meſme maſſe ſanguinaire portée par les vaſes vmbilicaux. Notez qu'ils n'ont point mis au nombre de leurs principes ny le pissat, ny la fiente, bien qu'ils se trouuassent ez veines, en la vessie & aux intestins mesmes du fœtus ; non plus que les anciens & sages Chymistes n'ont pas mis au nombre de leurs principes la Terre damnée (ainsi appellée, parce qu'elle est priuée de toute vertu) ny l'eau superfluë : Et la raison vniuerselle, est parce que tout cela ne sont qu'excremens du composé, que mesmes il reiette tant qu'il peut.

Pareillement les Spagiriques considerans le corps entant que mixte, ont dit auec raison, qu'il estoit composé de sel, de souphre & de Mercure : parce qu'en la resolution ou anatomie de quelque mixte que ce soit mineral, vegetal, ou animal, ils ont trouué ces trois mesmes principes ; Sçauoir vne subtile & acide liqueur aqueuse, qu'ils ont nõmé Mercure, & dit estre l'Element de l'eau ; vne liqueur huileuse, qu'ils ont appellé souphre, air & feu ; & vne substance terrestre salée qu'ils ont nommé sel & terre. Mais sçachans bien qu'il y auoit encore d'autres corps qui n'eſtoient des genres cy deſſus, comme ſont les corps ſimples des Elemens, Cieux & aſtres; ils n'ont pas eſté ſi fols que de pouſſer ceſte boutade, le ſel, le ſouphre & le Mercure ſont generalement principes de tous corps: Non plus que les Medecins n'ont pas dit que le ſang, le phlegme, la bile, & la melancholie ſont principes de tous corps.

Ariſtote n'a pas ignoré ce que deſſus, teſmoin ſon hiſtoire des animaux, & ſes liures des meteores: Mais parce que ce n'eſtoiët qu'affaires de la chambre ou Monde ſublunaire, luy qui eſtoit du cabinet & ſecret conſeil de la Nature, ne s'amuſant au premier liure de la Phyſique à traitter choſes ſi baſſes, ains conſiderant le corps phyſic en ſa pure ſimplicité de genre ſupreme & entant que corps ou entant que naturel; a dit que la matiere & la forme en eſtoyent les premiers principes. Or les premiers principes d'vne nature entant que telle, ſont l'eſſence d'icelle nature. La matiere doncques & la forme vnies ſont l'eſſence du corps entant que corps. Or ce genre ſupreme de corps ſe ſubdiuiſe quant & quãt en ſimple & mixte. Simple eſt vn corps compoſé de matiere omogenee, comme les Elemens & les Cieux: Mixte eſt vn corps compoſé de matiere heterogenee comme l'or, la meliſſe, & le beuf *qui ſont* compoſez de 4. elemens, ou des *ſel, ſoulphre*, & Mercure: Car *la difference* generique des corps eſt *materielle*, comme la ſpecifique eſt formelle. De ce que deſſus nous tirerons doncques deux choſes. La premiere que le ſimple & le mixte eſtans eſpeces du genre ſupreme de corps, ils contiennent actuellement & neceſſairement l'eſſence de ce genre qui eſt matiere & forme, comme l'homme contient actuellement l'eſſence d'animal. La ſeconde que la reſolution du corps en matiere & forme eſt eſſencielle, & du tout en ſes parties; Mais celle du mixte en ſel, ſouphre & Mercure, ou ez 4. elemens, ou ez 4. humeurs, n'eſt que materielle & d'vne ſeule partie du compoſé en ſes parties heterogenees.

Que ſi Villon & de Claues ſe fuſſent bien mirez en ceſte glace & euſſent vn peu mieux pris garde à leur Logique, ils eussent bien recogneu que les principes des Chymistes & d'Aristote n'estoyent pas opposez, repugnans, ou incompatibles ensemble, non plus que les differẽces generiques & specifiques: & ne s'excluoyent les vns les autres du composé physic, comme Villon posant ses Elemẽs pour seuls principes d'iceluy cõposé, veut qu'ils en excluent la matiere & la forme. Mais ou la vaine gloire leur auoit offusqué le iugement, ou bien pour immortaliser leur nom ils s'estoyent proposez d'imiter Herostrate, mais la matiere & la forme ne sont pas si aisees à destruire que le Temple de Diane. Voicy donc deux argumens contre les 4. theses cy dessus dont le premier est tel.

Les principes chymistes sel, souphre, & Mercure, n'excluent point du mixte les principes d'Aristote qui sont matiere & forme: doncques la matiere & la forme demeurent dans le mixte. La consequence est necessaire, puis qu'Aristote a estably la matiere & la forme pour principes du corps phyſic, dont le mixte eſt vne eſpece. L'antecedent ſe prouue en ceſte ſorte. Si les principes chymiſtes excluoyẽt du mixte la matiere & la forme, ils le feroyent comme principes ou du corps entant que mixte, ou du corps entant que ſimple, ou du corps entant que corps; Et ne le peuuent faire en autre façon: Car en raiſon de principes de corps ils ne peuuent eſtre oppoſez ou repugnans aux principes d'Ariſtote que de l'vne ou de l'autre de ces 3. façons; or ils ne le peuuent faire d'aucune des trois; car ils ne ſont oppoſez ou repugnans à la matiere & forme ſelõ aucune des trois; doncques ils ne le peuuent faire en aucune façon. Et premierement ils ne le peuuent faire comme principes du corps entant que mixte, car la matiere & la forme n'eſtans principes du corps, entant que mixte, mais entãt que corps il ne ſe trouue entre ces deux ſortes de principes aucune oppoſition ou repugnãce; Car toute oppoſition doit eſtre en meſme choſe & ſelon meſme choſe: comme ſi Ariſtote auoit poſé la matiere & la forme pour principes du corps entant que mixte, & les Chymistes pareillement leurs sel, souphre, & Mercure pour principes du corps entant que mixte ; l'opposition seroit toute formée & euidente, & faudroit ou que les principes chymistes, ou que ceux d'Aristote fussent faux, & les vrays exclurroyent les faux, mais comme dessus il n'y a entre eux aucune opposition. Beaucoup moins le peuuent-ils faire, comme principes du corps entant que simple. Car ny les principes chymistes ny ceux d'Aristote soit principes du corps entant que simple, & partant n'ont garde de s'y rencontrer en opposition : Ou si les principes chymistes estoyent principes du corps entant que simple, ils seroyent principes des principes, sel, souphre, & Mercure, contre la 5. these. Finalement par la mesme raison ils ne le peuuent faire comme principes du corps entãt que corps, car ils ne le sont pas, autrement ils seroient principes de quelque corps que ce soit, & par consequent aussi des principes, sel, souphre & Mercure, contre la 5. these, c'est à dire d'eux-mesmes ce qui eſt impoſſible, parce qu'il faudroit qu'ils fuſſent auant que d'eſtre ; ils ne le peuuent doncques faire en aucune façon ; & partant la matiere & la forme demeurent dans le mixte : & cela eſt clair.

Le ſecond argument eſt tel. Si la matiere & la forme n'eſtoient dans le mixte, le mixte ne ſeroit pas mixte, qui eſt pure contradiction. La raiſon eſt, que tout mixte doit eſtre eſpece de corps ; car le genre ſupreme de corps ſe ſubdiuiſe en ſimple & mixte : or tel mixte ne ſeroit eſpece de corps ; car il ne contiendroit actuellement l'eſſence ou nature de ſon genre, laquelle eſt compoſition de matiere & de forme. Icy Villon ne peut nier que le mixte doiue eſtre eſpece de corps, ny que l'eſpece doiue contenir actuellement l'eſſence de ſon genre : mais il niera chaudement que la matiere & la forme ſoyent l'eſſence du genre de corps. Mais ie veux auſſi que froidement & ſcientifiquement il m'aduoüe que beaucoup moins les ſel, ſouphre, & Mercure, conſiderez ſeparément ou vnis, puiſſent eſtre ou constituer icelle essence ou nature. Car l'vnion des principes est tousiours posterieure aux principes; Et posant que les principes soyent especes de corps, ils seront encor posterieurs à la nature du corps; laquelle par consequent ils ne peuuent constituer, puis qu'elle est deuãt qu'ils soyent; & que ostée la nature elemẽtelle du Mõde, il y auroit encore des corps, & si il n'y auroit plus de sel, de souphre, ny de Mercure, qui mesmes ne peuuent estre corps que par ceste nature à eux anterieure. Il faut donc que Villon malgré qu'il en aye, & contre la 7. these recognoisse dans le mixte, outre les principes chymistes, vne entité ou nature anterieure à ses principes, qui constitue & le simple, & le mixte, en estre & nature de corps, autrement cõme est demonstré cy dessus, le simple ne sera pas simple, ny le mixte, mixte. Or la recognoissant, nous voila desia d'accord de la chose, & n'en serons plus en different que du nom : Car Aristote appelle ceste entité ou nature composition de matiere & de forme; Que si

Villon ne veut ouir parler de ces noms & entitez, qu'il trauaille ſon eſprit à droit & à gauche, haut & bas, dans tous les eſtages, coings, & recoings de la cathegorie de ſubſtance, (car la nature du corps ne peut eſtre conſtituee que de choſes ſubſtãtielles) pour trouuer des noms ou entitez, qui puiſſent mieux conſtituer la nature du corps, la mieux diſtinguer de toute autre, & mieux auoir les proprietez neceſſaires aux parties cõſtituãtes, que les noms & entitez de matiere & de forme: Mais iuſques à ce qu'il en aye trouué (ce qui ne luy arriuera iamais) les noms & entitez de matiere & de forme demeureront par prouiſion; & cependant nous demeurerons d'accord de la choſe.

Mais ne voyez-vous pas que Villon deſia laſſé de chercher ſans rien trouuer, aduoüe & recognoit dans ſa 7. theſe des compoſez purement materiels, & en ſoubs-entẽd par conſequẽt qui ne ſont purement materiels? Il adüoüe & recognoit doncques la matiere; car il ne peut y auoir des compoſez materiels ſans matiere ? Que s'il demande qu'on luy pardonne ceſte-cy, parce qu'il s'eſt entretaillé ſans penſer à ce qu'il diſoit ; ie dis que tout reuient à vn. Car eſtant le propre du menſonge & de la fauceté de s'entretailler, & non de la verité qui eſt eternellement conſtante en elle-meſme ; ceſt entretaillement ne peut proceder que de la fauce negation de la matiere.

Rappellant doncques la matiere & la forme en la generation des mixtes, chacune d'elles ſera remiſe en ſa charge : Et la matiere ſera le premier ſubject de la generation, en puiſſance de receuoir la forme dont elle eſt priuée, & où elle tend par les diſpoſitions ; Et la forme ſera la fin & le terme de la generation, actuant la puiſſance de la matiere, & donnant l'eſtre ſpecifique au mixte : Voire la priuation ſe trouuera principe de la generation qui ſe faict : car icelle generation ou mutation eſt vne progreſſion du non eſtre actuel, à l'eſtre actuel. Non du non eſtre de la matiere ; car eſtant ingenerable & incorruptible, comme celle qui demeure tousiours de reste en la corruption des mixtes, & qui se pose pour premier principe actuel de la nouuelle generation, elle ne peut ne pas estre. Non du non estre du corps qui s'engendre; car bien qu'il ne soit en acte simplement & absolument, neantmoins il y est desia selon quelque chose, à sçauoir, selon la matiere supposée dont il doit estre composé; doncques c'est du non estre actuel de la forme en la matiere, qu'on appelle priuation, à l'estre actuel d'icelle forme en la matiere. Et partant la priuation est le principe où commence la progression de la mutation, & sans laquelle ne se peut faire mutation. Car toute chose est faicte de ce qu'elle n'est pas, ou si elle estoit faicte de ce qu'elle est desia, elle seroit deuant que d'estre faicte, ce qui est impossible.

Or voicy l'abysme d'erreur & d'heresie où nous precipite ce Philosophe auec ses principes, bannissant du monde la matiere & la forme; c'est qu'au Monde il ne se trouuera aucun corps ny simple ny mixte par les raiſons cy deſſus ; & l'homme meſme ne ſera pas corps, bien que Villon luy donne vne forme. Car icelle eſtant vne ſubſtance incomplete, ne peut toute ſeule conſtituer la nature complete du corps ; ioinct que conſiderée en ſa nature, elle eſt du genre ſpirituel & non du corporel : De neceſſité il luy faut doncques adioindre quelque choſe de corporel, qui auec elle accompliſſe & conſtitue la nature du corps. Que s'il veut dire qu'il ne faut qu'vnir ceſte forme auec les principes ou corps ſimples, ſel, ſouphre & Mercure, pour conſtituer en l'homme la nature du corps, il ſe trompe lourdement quelque ſorte d'vnion qu'il puiſſe imaginer : Car tels principes deſtituez de matiere & de forme, ne ſont plus corps ſimples, & ne tiennent rien du genre corporel, comme eſt prouué cy deſſus : Or ils ne ſont non plus du genre ſpirituel, ils ne ſont donques rien en la Nature où ſe trouuent ſeulement ces deux genres de ſubſtance ; Quoy que la ſpirituelle ſoit du rout niée entre les choses creées par cet autre nouueau Philosophe, qui posant tres-mal ces principes; Que toute entité finie est terminée, ou ha des termes; que tout terme est partie du terminé; que tout ce qui ha partie ou terme, est composé & diuisible; que tout ce qui est composé est corps terminé, & plusieurs autres de mesme alloy: sans auoir esgard que le finy, le terminé, le terme, la partie, le diuisible & le composé, se disent des choses en diuerses manieres & non en vne seule (cõme il veut) a par ces principes cruds ratiociné de la plus basse, confuse & erronée façon qu'il est possible sur la nature corporelle dans son *Clangor buccinæ ad sublimiores Philosophos*: où pour neant il se trauaille à prouuer que les Anges, l'Ame humaine, leurs pensées ou conceptions, les especes intelligibles & sensibles, les influences celestes & toute autre vertu ou qualité; la ligne & le poinct mesme mathematic, sont corps de trine dimension; & nie par ce moyen tout principe de corps; voire nie qu'il y aye aucune nature ſimple, ſoit Element, Ciel, Matiere Forme, Qualité ou Ange, puis que tout cela eſt finy, & partant ſelon ſes principes ha parties, ayant parties eſt composé, & eſtant composé eſt corps. Reſueries & maladies d'Eſprit en verité plus dignes de compaſſion, que de plus longue reſponce, Mais pour reuenir à mes raiſons, les principes de Villon n'eſtans rien en la Nature, ils ne peuuent auec la forme de l'homme accomplir la nature du corps, principalement ne tenans rien du genre corporel: car bien qu'ils ſe trouueroyent du genre ſpirituel, le ſpirituel vny au ſpirituel ne feroit iamais le corporel.

Doncques l'homme comme eſt dit cy deſſus ne ſera pas corps. Or ſi l'homme n'eſt pas corps, IESVS-CHRIST ſans doute ne l'eſt pas; car il ne le peut eſtre qu'entant qu'hõme. Et luy qui eſt la voye, la verité & la vie, aura parlé contre verité, quand il a dit *Cecy eſt mon corps*; Doncques il ne ſera pas Dieu; car Dieu ne peut mentir; Il n'y aura donc point de

Dieu.

Dieu. Voyez vn peu qu'elle heresie, blaspheme & atheisme s'ensuiuent tres-euidemment de la doctrine de ce grand Philosophe; & si Messieurs de la Sorbonne ont eu iuste raison de la censurer.

Refutation de la These 6. & 13.

Ie viens à la 6. & 13. theses tout ensemble, & commence par vn poinct particulier à la 6. qui est que les principes, Sel, Souphre & Mercure sont de mesme espece infime dans tous les mixtes. Pour lequel bien entendre il sera besoin de faire vne petite digression, laquelle à mon aduis ne causera point de degoust aux esprits les plus curieux des secretes & inuisibles operations de la Nature.

Ie dis donc que rien ne s'engendre icy bas sans semence ou des Elemens, ou des mixtes. Car les Elemens excitez ou agitez par les vertus & mouuemens des corps celestes, & principalement du Soleil pere de toute generation, iettẽt continuellemẽt leur semence (qui eſt ce qu'ils ont de plus ſubtil) de l'vn à l'autre vers le centre de la terre, autrement les mixtes, & principalement ſoubs-terrains comme l'or, ne pourroyent eſtre composez des 4. elemens: Et la Terre par ſa ſechereſſe les attire continuellement: n'outrepaſſans toutesfois la ſeconde region d'icelle, ſoubs laquelle ne ſe faict aucune generation, comme nous auons prouué en noſtre nouuelle anatomie du Monde ſublunaire. Or les ſemences des Elemens plus ſubtils & actifs qui ſont l'Air, & le Feu, arriuées en ceſte ſeconde region y ſont receuës & arreſtées, par les ſemences des Elemens paſſifs & plus groſſiers, la Terre & l'Eau, reduites en forme de vapeur par la chaleur du Soleil, qui eſt cõme la chaleur d'vn poelle continuelle en ceſte region en quelque temps que ce ſoit, ainſi que i'ay remarqué dans les profondes mines d'Hongrie, & prouué par demonſtration phyſique; ſi bien qu'en ceſte vapeur ſe rencontrent les ſemences ores des deux, ores des trois, & ores des 4. Elemens, leſquelles ſe meſlent par ensemble & s'vnissent, non d'vnité par soy, qui ne leur peut arriuer que par deposition de leurs formes elementelles qu'elles retiennent encores, & reception d'vne forme de mixte qui les lie, & s'vnisse à elles intrinsequement; mais d'vnité par aggregation, cõme la nuée composée de vapeur & d'exhalaison quelquesfois visiblement distinctes, & non meslées par minimes parties. Cõme donc ceste vapeur contenant les 4. Elemens, ou leurs 3. correspondans, Sel Souphre & Mercure, vient à se sublimer & remonter en haut, tãt par sa propre legereté que poussée par la chaleur Solaire repercutee par la troisiesme region de la Terre; s'il arriue à ceste vapeur d'estre arrestée és lieux soubs-terrains dans des matrices ou cauitez propres à la generation des mineraux; là apres vne lente & longue mixtion & decoction, sont d'icelle produits les metaux ou autres mineraux differens en espece & perfection, selon la diuerse mixtion des parties de la vapeur, les diuerses natures & puretez des matrices, la diuersité de coction, & diuersité des formes suruenantes. Mais arriuant à la superficie de la Terre, & là arrestée & repercutée par le froid externe, principalemẽt en hyuer, elles'y multiplie fort; ce qui rẽd la superficie terrestre grãdement fecõde, de sorte que de ceste copieuse vapeur sont produites sans autre semẽce, & mesmes au printemps vne infinité de plantes; & tant elles que les autres produites de semẽce vegetable, sont nourries de la mesme vapeur, qu'elles succent & attirent continuellemẽt de la Terre comme d'vne feconde mãmelle. Or les especes des plantes sont diuersifiees selon la diuersité des lieux gras, sablonneux, pierreux, plains, montueux, aqueux, chauds, froids, & temperez, où s'arreste la vapeur, & selon la diuerse mixtion des Elemens ou des trois principes en la vapeur. Car de la diuerse mixtion & de la diuersité des lieux procedent les diuerses dispositions; & des diuerses dispositions, les diuersitez d'especes. Non toutesfois sans l'interuentiõ d'vne nouuelle entité comme veut Villon en la 7. these, mais par l'interuentiõ de la forme substantielle qui est produite ſelon la diuerſe mixtion & diſpoſitiō des principes; qui à l'arriuée de la forme ſe veſtent des liurees & proprietez d'icelle ſelon la couleur, odeur, ſaueur, & vertu ſpecifique: voire meſme prēnent des noms differens entre eux, chacun prenant le nom de l'eſpece à laquelle il ſert de ſubjet, & s'appellās Elemens ou Sel, Souphre, & Mercure de betoine, de meliſſe, & ainſi des autres. Et en la meſme façon ſont produits de la meſme vapeur ſans autre ſemence, vne infinité d'animaux en la ſuperficie terreſtre, en l'Eau & en l'Air.

Mais dira Villon ou quelque autre pour luy, d'où vient doncques ceſte forme, & qui la produit? C'eſt icy la grāde queſtion depuis ſi long temps, & ſi fort agitee parmy les Philoſophes: les vns tenans qu'auant la generation elle eſt potentielllement dans la matiere, & qu'elle eſt tirée de ceſte puiſſance en acte, & cependant ne ſe peuuent accorder par qui & comment. Et les autres diſans, qu'auant l'exiſtence de la forme elle n'eſt en façon quelconque dans la matiere, non plus que la forme de l'homme; ce que ie tiens pour veritable. Car l'estre en soy, tant actuel que potentiel, precede tousiours en quelque façon que ce soit l'estre en autruy; doncques en quelque moment ou de temps ou de nature qu'on puisse imaginer auant l'existence de la forme, ell' est encor potentiellement en soy, premier que d'estre potentiellement en la matiere. De plus la puissãce qu'ha la matiere de receuoir la forme, n'est pas la forme en puissance; car telle puissanec de la matiere est vne aptitude actuelle de la matiere; mais la forme en puissance n'est rien d'actuel. C'est donc abus de dire qu'auant son existence elle soit potentiellement dans la matiere, & que par l'agent elle est tirée de ceste puissance en acte, cõme d'vn puits ou abysme bien creux: & la forme de l'hõme nous doit seruir de lumiere en cecy, laquelle ha la mesme chose de cõmun auec les autres formes, & laquelle la matiere est en puissãce de receuoir aussi bien que les autres formes, differente seulement d'auec ellles en ce qu'elle est spirituelle & creée, & les autres materielles & non creés, ains produites de la vertu de leur cauſe particuliere, qui les introduit en la matiere diſpoſée ; comme Dieu celle de l'homme.

Or la plus ſaine partie tant des vns que des autres Philoſophes, tiẽt que les formes materielles des mixtes sõt produites par le Ciel, comme cauſe principale & particuliere d'icelles; Et neantmoins de ceſte plus ſaine partie encor y en a-il quelques vns qui ne l'accordẽt que des mixtes qui ſont produits de matiere pourrie & ſans ſemence particuliere ; pource qu'en effect ils voyẽt qu'on n'en peut validemẽt aſſigner autre cauſe efficiente particuliere que le Ciel: bien que pluſieurs autres recourent à Dieu, qu'ils diſẽt ſuppleer au defaut de la Nature; cõme ſi Dieu l'auoit laiſſée imparfaicte, ou n'auoit peu la produire ſans ce defaut, qui eſt treſgrand, cõtinuel, & en generations purement materielles. Mais les plus clair-voyans & hardis cõſiderans que le cheual ayãt donné ſa ſemẽce ne ſert plus de riẽ à la productiõ de la forme du cheual qui en viẽt, & que le peſcher ayant donné ſon noyau, n'eſt plus necessaire à la production de l'arbre qui en sort, & ne voyans aucune valide raison en ceux qui disent que par la vertu du cheual qui donne la semence, icelle semence separée du cheual produit la forme du cheual qui en vient: Ont dit & asseuré que le Ciel comme cause particuliere produisoit les formes de tous les mixtes. Et respondans à l'argumēt, que la cause equiuoque ne produit pas vn effect plus noble que soy; ont dit que du Ciel procedent deux effects; Le premier est la lumiere ou influence qu'ils enuoyent au mōde sublunaire, & cestuy n'est pas plus noble que le Ciel: mais le second est ce qui suit l'influence ou est produit par icelle, & cestuy peut estre ou plus ou moins noble que le Ciel.

Ie me range donc tout a fait du costé de ceux-cy auec le docte Fernel au 8. chap. du premier liure des causes occultes des choses, le subtil Scotus in 4. dist. 12. qu. 3. att. 3. & plusieurs autres les voyant solidemēt fondés en deux passages trescelebres d'Aristote. Le premier est au 3. chap. du second liure de la genera-

tion

tion des animaux où il dit, que toute vertu ou puiſſance de l'ame a vn autre & plus diuin corps que les Elemens; & que la nature de l'eſprit qui eſt en la ſemence, correſpond à l'element des eſtoilles qui eſt le Ciel. Que ſi en ce lieu il tire du Ciel l'eſprit de la ſemence, & les vertus de l'ame des animaux, qui doutera qu'il n'entende auſſi que leur ame en viēne. Or il ſe declare plus apertement de toute forme de mixte au ſecond lieu qui eſt le 2. chap. du 1. liure des meteores, intitulé. Que le Ciel eſt cauſe efficiente, & les elemẽs cauſe materielle des choſes qui ſe font dans la region elementelle; où il parle ainſi. Partāt des choſes qui arriuent dans iceluy Monde elementel, il faut eſtimer que le Feu, la Terre, & & les corps qui leur ſont alliés ſont cauſe de ce qui appartient au gēre de la matiere; car ainſi nous appellōs ce qui eſt fait ſubiect & patient: Mais ce qui eſt cauſe en telle ſorte, qu'il eſt principe du mouuement (ſçauoir la forme) ha pour cauſe la vertu des choſes qui ſe meuuent ſempiternellement, c'eſt à dire des Cieux.

Ie dis donc generalemẽt auec Aristote que les Elemens donnent la matiere des mixtes, & le Ciel produit la forme de ſa vertu: ou pour mieux ſpecifier les Elemẽs iettent leur ſemence, laquelle receuë & deuément diſpoſée és matrices ou lieux conuenables, le Ciel y produit les formes des mineraux, vegetaux & animaux. Mais parce que les corps plus parfaits entre les vegetaux & animaux, requeroyent vne ſemence plus noble & mieux conditionnee, que les elemens ne la pouuoyẽt dõner: Nature a baillé à ces corps vertu d'elabourer & produire leur ſemence. Le cheual donc iette ſa ſemence en lieu conuenable, ou diſpoſée par les cauſes ſuperieures & inferieures, le Ciel apres produit la forme. Et l'homme le plus noble des mixtes donne encor tout de meſme ſa ſemence, mais Dieu ſeul en produit la forme par creation, & l'vnit à la matiere ſelon Scotus & autres que cite Suarez, diſput. 18. ſect. 2. n. 20. L'homme donc n'eſt dit produire ſon ſemblable, qu'à raiſon de ſa ſemence qu'il donne, & que tant luy que la femme atteignent effectiuemēt la mixtion & vnion de leur semence emprainte de la vertu formatrice du corps humain; laquelle est de nature celeste comme la vertu ou esprit de la semence des autres animaux, selon Aristote cy dessus. Or telle vnion & mixtion de semences en la matrice est le vray & premier commencemēt de la generation de l'hōme, qui suffit pour dire que l'hōme engendre l'hōme; le cheual en est de mesme, & la plante ne dōne que sa semence. Et partant les seuls Elemens produisent formes de leurs especes en se cōuertissans & assimilans les vns aux autres: car leurs natures estans simples & du plus bas ordre de toute la nature, cela n'excede leur puissance: mais la production des formes des mixtes surpasse l'efficience des Elemens. Et ainsi l'entend Aristote en la suitte du premier passage cy dessus allegué, ou distingant d'origine les chaleurs du feu & de l'animal, il entend pareillement que les formes dont ces chaleurs sont vertus soient distinguées d'origine: voire il s'explique clairement au mesme lieu quand il dit, que le feu n'engendre aucun animal, ny les autres trois elemẽs qu'il entend par l'humide, le dense & le sec; Et en plusieurs autres lieux il asseure, que les elemens se cõuertissent les vns aux autres. Voila donc en peu de discours l'admirable generation de tous les corps sublunaires. Venõs maintenant à leur corruptiõ. Si dõques à l'instant de la corruptiõ d'ũ mixte, ne suruiẽt vne autreforme au lieu de celle q́ quitte les prĩcipes materiels, laquelle les retienne, lors ils se des-vnissent, & des-assemblẽt, & chacun reprend la forme de l'element dõt il estoit sorti; puis comme gens qui ont seruy leur quartier chacun retourne à son pays & origine, les plus subtils & legers en haut, & les plus pesãs demeurent en bas naturellement. Mais si ceste dissolution & separation de principes se fait par art chymic, & qu'ils soient recueillis à part; lors par la force du feu la partie aquee ou mercurielle distille la premiere, puis laërée & ignée qu'ils appellent Souphre; Et dans la cendre demeure la partie terrestre priuee de toute humidité euaporable qu'ils appellent Sel, lequel se separe pur & net d'auec la partie feculente qu'ils appellent Teste morte ou Terre dãnée & inutile, par solution, filtration & euaporation; Et ainsi se peuuent separément voir & manier les principes materiels de tous les mixtes, qui extraits de la sorte retiẽnent les liurees ou accidens de la forme qu'ils ont seruy en odeur, saueur, couleur & proprieté specifique; voire à cause de ce en retiẽnent le nõ. C'est pourquoy l'huile ou souphre de Pauot a autre couleur, odeur, saueur & proprieté, que celuy du Rosmarin & ainsi des autres.

Tout ce que dessus bien entendu reuenons au poinct de la 6. these cy dessus, Que lesdits principes sõt de mesme espece infime dans tous les mixtes. Et disons que cecy seroit vray si és mixtes n'y auoit point de forme substantielle comme dit Villon; ou bien qu'en iceux demeurassent les formes substantielles des Elemẽs en acte, cõme soustiẽnent quelques autres. Mais l'vn & l'autre estant faux, ce poinct de these l'est aussi.

Car si les principes estoient de mesme espece infime dans tous les mixtes, ils seroient informez dãs tous les mixtes, de mesme forme specifique; Or ils ne le sont pas; veu que pat la refutation de la 2. these dãs le naueau, ils sont informez de la forme de naueau, dans le chien de celle de chien, & dans l'homme de celle de l'homme; doncquesil est tres-faux de dire qu'ils soyent de mesme espece infime dans tous les mixtes. Car bien que la vapeur qui mõte & sert de nourriture aux vegetaux, soit reduite au sel, Souphre, & Mercure des plãtes qui s'en nourrissent, & que le Sel, Souphre & Mercure des vegetaux, soyẽt reduits au Sel, Souphre & Mercure des animaux qni viuent des vegetaux; voire que les Sel, souphre, & Mercure de l'homme, soyent augmentez ou reparez par les Sel, Souphre & Mercure des animaux & vegetaux qu'il mange. Neantmoins comme chacun sçait il interuient tousiours mutation de telle nourriture & conuersion d'icelle en la substance du viuant, ce qui ne se faict sans reception de la forme du viuant. Qne Villon doncques en ceste these se range au nombre de l'ignorant vulgaire des chymistes; non auec Paracelse qui en ses operatiõs & laboratoire eust refusé tout à plat le seruice d'vn tel chymiste que luy; mais auec Estienne de Claues.

Or vne chose est bien vraye laquelle ils n'ont pas mise, sçauoir que les Sels, Souphres & Mercures extraits & separez chymiquement comme dessus de tous les mixtes; sõt de mesme espece infime. Et partant que le Mercure extraict de la rose est de mesme espece infime que celuy qui est extraict de la cigue & d'vn lezard: Et la raisõ est que si tost que ces principes sont dessliez & separez de la forme du mixte, lors cõme dessus est dit chacun reprend la forme de l'element duquel il a son origine. Et ainsi tous les Mercures reprennent la forme de l'element de l'eau. Or il n'y a qu'vne espece infime d'element d'eau, donc tous les Mercures separez sont de mesme espece infime. Et ainsi des Souphres & des Sels. Et ne sert d'alleguer les diuerses couleurs, odeurs, saueurs, vertus & concistances des Mercures; Car comme ils ont esté infectez de ces qualitez par longue alteration en la generation du mixte, aussi en peuuent-ils estre purgez par longues alterations, & nombreuses rectifications; Et puis les formes des elemens, comme les plus grossieres du Monde, peuuent subsister en matieres grandement differentes, comme la forme du Feu & de Terre dans l'exhalaison selon Aristote aux meteores. Mais pour moy ie tiens que les Mercures, Souphres & Sels, ainsi totalement purifiez de tout accident de forme de mixte, n'ont aussi plus aucune vertu de mixte, & qu'il ne leur reste que la pure vertu & proprieté elementelle.

Il nous reste encor à refuter l'autre poinct de la sixiesme these, où il dit, que les cinq principes sont ingenerables & incorruptibles, qui est la mesme chose que contient toute la 13. These à cause de ce superfluë. Or ce poinct touche vne tres-haute philosophie, & ne se peut biẽ refuter sãs parler du plus grand mystere qui se puisse faire en toute la Nature. C'est pourquoy

ie le

ie le veux refuter par authoritez irreprochables en icelle philoſophie, par experience, & par raiſon.

Ie dis donc qu'extraire & ſeparer les ſel, ſouphre, & mercure d'vn mixte, eſt choſe ſi vulgaire & facile, qu'à preſent chacun s'en meſle & s'en dit maiſtre, mais les conuertir, ou les elemens du mixte l'vn en l'autre, ceſt la ſupreme de toutes les ſciences naturelles, le plus haut degré du pouuoir de la nature, & ſon dernier chef d'œuure ſur chaſque choſe. Or Villon & de Claues nians telle conuerſion, & ſouſtenans leurs principes ingenerables & incorruptibles, parlent contre tous les plus grands hommes de la Chimie; Hermes, Geber, Morien, Raymond Lulle, Iſaac Hollandois, & autres leſquels tous vnanimement aſſeurent telle conuerſion. Et diſent par exemple qu'au genre mineral prenans l'or non vulgaire, mais à eux cogneu, & operans ſur iceluy, premierement par art tres-occult, puis tout le reſte par voyes & moyens tres secrets de la nature; la terre se conuertit en eauë par solution, & ceste eauë en air par euaparation ou sublimatiō, & cest air en feu par fixation ou coagulation: ou bien le sel est conuerty en mercure par solution, & ce mercure en souphre par coagulation: & que ceste nature de souphre ou de feu (qui est mesme chose) est vne nature tres simple, ny chaude, ny froide, ny seche, ny humide; parce qu'en sa confection les contraires ont esté faits vne mesme chose, mais est vne nature qui cōtient virtuellement toutes complexions & vertus sans contrarieté, cōme le cercle qui n'a point d'angles, & contient tous les angles. Ils disent de plus que ceste nature produicte par telle voye de conuersion, est non seulement du tout indiuisible en autres natures, comme elemens ou principes; parce que tous les elemens sont en elle faicts vne seule chose tres-simple: mais de plus qu'elle est en vn estat tellemēt constant & immuable, qu'il n'est en la possibilité de toute la Nature, de luy faire prendre vne autre nature que celle qu'elle ha, en laquelle elle se repose, comme au dernier degré de perfectiõ, où nature & l'art la pouuoient mener : Comme nous voyõs que le verre est vne extremité, au delà de laquelle, ny l'art, ny la nature ne peuuent passer. A cause donc de l'estat constant & fixe d'icelle nature, ils l'ont nommée pierre; Et parce qu'elle estoit faicte par les plus hautes speculations de la Nature, ils l'ont auec iuste raison surnommée Philosophale, ou des Philosophes, souueraine medecine des hommes, & des metaux imparfaicts, & vray pourtraict de la derniere fin & beatitude de l'ame, où ie remarque ce grand secret : que tout ainsi que le corps mixte ne peut de soy-mesme, ny par toutes les forces de la Nature arriuer à sa derniere & finale perfection sans l'art & la sapience de l'hõme qui l'esleue & le regit; Aussi l'ame ne peut de soy arriuer à sa derniere & finale perfection, sans l'art

& ſapience de Dieu, qui eſt le verbe qui l'eſleue & la conduict, & par lequel toutes choſes ſont faictes. Il y a donc bien icy à ſe mocquer, nõ ſeulement de ceux qui penſent que la pierre philoſophale ſoit vne ſimple & particuliere recepte, comme en portent ces affronteurs qui courent pays, deſniaiſans tous ceux qu'ils peuuent: mais encore plus de ces pauures miſerables, qui ſans lettres de Philoſophie ny cognoiſſance des operations du Ciel, des Elemens, & des voyes que tient Nature en la generation des metaux, ſe iettent à corps perdu apres vn œuure ſi haut & releué; & aueuglez d'ignorance le cherchent à taſtons dans l'experience, tantoſt d'vne recepte, tantoſt de l'autre, & puis encore de l'autre, iuſques à ce qu'ẽ fin ils ayent reduit en fumee tout ce qu'ils ont vaillant, & ruiné biẽ ſouuẽt des bõnes maiſons.

Or les Philoſophes cy deſſus ont encore deſcrit les manieres de faire ſemblables pierres, tãt au genre mineral, vegetable, qu'animal par voies

& moyens purement artificiels: mais pource qu'on y peut faillir à tout coup à cause des vases mal luttez, ou des degrez du feu mal obseruez, ou des esprits eschappez, ou des operations mal faictes, qui sont en grand nombre, fort diuerses, difficiles, & longues; & que l'œil, le iugement, & la main de l'ouurier y soit assiduellement necessaires: ils asseurent qu'elles sont toutes beaucoup plus mal-aysees à mener a fin, que celle vnique ou on employe l'ayde de la nature, qui tres-sçauante & vigilante ne peut errer: Neantmoins selon eux toutes ces pierres artificielles ne se font que par conuersion des Elemens, ou principes comme dessus, iusques à ce qu'on soit arriué à ceste derniere nature simple & fixe, qui contient les vertus de toutes; comme on peut veoir dans les œuures du tres-profond & tres-sçauant Isaac Hollandois.

Icy Villon & De Claues remanqueront de me dire, ce qu'ils auoiẽt apresté pour tous ceux qui aux disputes de leurs theſes euſſent voulu contrequarrer leurs maximes chymiques. Tenez voyla du charbon, vn fourneau, de la matiere, & des vaſes, faictes voir ce que vous dittes. Mais ie les veux payer de ceſte mõnoye: que ie ne ſouffle point apres la pierre philoſophale, au cõtraire i'en deſtourne tous mes amis, comme d'vn mauuais chemin. Et qu'il me plaiſt de pluſtoſt m'accuſer d'ignorance en vn affaire ſi haut, que d'accuſer Nature d'impoſſibilité, meſmes apres les teſmoignages & authoritez des premiers & plus ſçauans Eſcriuains de ceſte ſcience; La pure intention & doctrine vniuerſelle, deſquels i'ay neantmoins cy-deſſus rapporté; Et auſquels la raiſon m'oblige de pluſtoſt croire en leur art, qu'à Villon ny de Claues, leſquels en comparaiſon de ces grands hommes que tous tiennẽt auoir faict ce qu'ils diſent, n'y ſont que des bien ſimples Nouiçes, capables ſeulemẽt de ſeparer les parties heterogenees d'vn mixte; mais de les reünir inſeparablement, ou cõme ces Philoſophes diſent en leur ſcientifique iargon, ſeparer vne ame de ſon corps, puis la luy rẽdre & le reſſuſciter en vn eſtat glorieux, tres parfaict & permanant; ce ſont miracles dont Villon & de Claues, ſelon leur 6. theſe n'ont encores iamais ouy parler, & ſublimité de ſcience naturelle, iuſques à laquelle ils n'ont encore peu ſublimer leurs eſprits : Et ſçauent auſſi peu l'vn que l'autre quelle eſt la matiere, quel eſt le vaſe, quel eſt l'athanor, & quel eſt le feu des Philoſophes cy-deſſus: Apres cela ie vous laiſſe à pẽſer s'ils pourront bien deuiner les operations.

Quant aux experiences ie leur en fourniray de tres-euidentes & manifeſtes. La premiere eſt la conuerſion de l'eau en air, laquelle nous eſt viſible quand les broüillars & la vapeur (qui ſont vne eau reſoluë) montent au haut de l'air, & par la chaleur du Soleil y ſont diſſipez, puis ſuiuis par fois d'vne longue & chaleureuſe ſerenité: pendant laquelle grande quantité de vapeurs s'esleuent continuellement tant des eauës que de la terre, lesquelles si elles n'estoient tout à faict reduites en air, ains quelles demeurassent seulement suspenduës en iceluy, quoy que subtilement attenuees, neantmoins leur continuelle multiplication & accumulation ne manqueroit despessir l'air, tout au plus dans trois ou quatre iours. Or il se void des serenitez de quinze iours, & de trois sepmaines, ou l'air est tellement subtil & purifié, que Venus planete se voit de iour, ainsi qu'on la vid y a enuiron six ans pendant vne longue serenité. Il faut doncques aduouër que ces vapeurs sont conuerties, & faictes vne mesme chose auec cest air subtil. Ce que Villon ayant bien recogneu s'est auisé d'vne cheuille pour boucher ce trou, c'est de dire que l'air & l'eau ne differoient essentiellement, & estoient vn mesme element: mais nous auons prouué le contraire si euidemment en la refutation des 5. & 9. theses, que sa ruse

ne

peut seruir de rien. Et de la mesme façon l'exhalaison qui contient terre & feu, se conuertit en air ou en feu.

Prenons encore le sel qu'ils tiennent pour vn des principes. Est-il pas vray qu'on le fixe, & estant fixé on le transmuë en verre par l'action violente du feu ? Que dira Villon là dessus, car pour l'effect il ne le peut nier : Il ne luy reste doncques pour se sauuer, que de dire comme de l'eau & de l'air, sçauoir que le sel & le verre sont de mesme espece infime : Mais il ne se sauuera gueres loing, car seulement ils ne sont pas de mesme genre ; le sel estant vn corps naturel & produit par Nature, & le verre vn corps artificiel que Nature ne sçauroit produire, non-plus que la chaux, ou la brique, ou le pain. Et quant aux autres principes, soulphre, & mercure, ie les r'enuoye aux experiences des Princes de la Spagirie cy-dessus, lesquels ils doiuent auec toute sorte de respect recognoistre pour leurs maistres.

Finalement voicy mes raisons. Les Elements du Monde sublunaire sont generables & corruptibles, & se conuertissent les vns aux autres, comme cy-dessus est prouué par experience; Doncques les Elements des mixtes sel, soulphre, & mercure le sont aussi : car extraicts du mixte & separez, ils ne different essenciellement des Elemens du monde sublunaire, comme i'ay prouué en la refutatiõ du premier poinct de la 6. These, & en sont sortis, comme i'ay demonstré en la refutation de la cinquiesme These.

Secondement, puis que nous auons prouué la matiere & la forme; Ie dis que tout corps dont la matiere & la forme sont naturellement separables, est naturellement corruptible, & ceste proposition n'a besoin de caution: Or la matiere & forme du sel, soulphre, & mercure (c'est à dire des Elemens du Monde sublunaire) sont separables; car en la generation du mixte, ils sont despoüillez de leurs formes elementelles, & prennent tous l'vnique forme specifique du mixte, doõques ils sont corruptibles & generables : Et tout de mesmes les sels, soulphres, & mercures des alimens prennent la forme du viuant en la substance duquel ils sont conuertis.

Finalement tous les Chymistes & de Claues mesmes demeurent d'accord qu'il y a vne Medecine vniuerselle de nature tres-simple, capable de guerir toutes maladies guerissables ; Et tous les Princes de la Chymie disent des merueilles de sa vertu à purifier les corps mesme lepreux, & les reduire d'vne admirable soudaineté au meilleur & plus sain estat qu'il est naturellement possible; parce qu'en effect telle Medecine n'est autre chose qu'vne de leurs pierres, principalement tirees ou du sang humain au genre animal, ou du vin au genre vegetable, ou de l'or au genre mineral, qui est la plus souueraine de toutes : Or il est impossible d'auoir telle medecine sans la conuersion des trois principes, sel, soul-

phre, & mercure en vne ſimple nature. Et la raiſon eſt, que ſelõ les Medecins chymiques, toutes les maladies ſont diuiſees generiquement e
ſalees, ſulphurees, & mercurielles;
les ſalees ne ſe gueriſſent que par le
vertus des ſels, les ſulphurees par le
vertus des ſoulphres, & les merc
rielles par les vertus des mercure
ſelon leur maxime ſemblables p
ſemblables : ſi doncques il y a v
telle Medecine que deſſus poſſib
en la Narure, il faut de neceſſi
qu'elle contienne en perfection l
vertus des trois, ſel, ſoulphre, & me
cure en vne ſimple nature; ce qui
ſe peut faire ſans cõuerſion de l'v
en l'autre. Car que de Claues fa
vn composé de ſes principes tant d
purez qu'il voudra, & les mixtion
& cuiſe en telle proportion & faç
qu'il voudra, il n'en fera iamais v
medecine vniuerſelle ſans conue
ſion, par où ſe void qu'il eſt bien
loigné d'vne ſi ſublime ſcience.
Or de tout ce que deſſu, ie tire cõt
eux vne excellente conſequen

pour Ariſtote: c'eſt que les ſel, ſoulphre, & mercure ne peuuent eſtre premiers principes; car les premiers principes par la definition ne ſe peuuent conuertir l'vn en l'autre, & ceſte clauſe eſſencielle ne cõuient qu'à la matiere & à la forme, car iamais la matiere ne peut eſtre conuertie en forme, ny la forme en matiere. Il ny a donc que la matiere & la forme qui puiſſent eſtre premiers principes. Et cela eſt net.

REFVTATION DE la Theſe 7.

REmarquez encor en ceſte theſe, dans quelles erreurs & hereſies ſe precipite Villon, diſant que toute varieté generique, ſpecifique, ou indiuiduelle des mixtes, procede ſeulement de la diuerſe mixtion ou contemperation des principes ſelon la quantité. Car ſi cela eſt, c'eſt bien folie de parler de genre, ny d'eſpece de mixte : veu qu'il n'y en aura point, puis que tous les mixtes differeront ſeulement ſelon le plus & le moins: Or le plus & le moins ſelon la quantité, ne changent point le genre ny l'eſpece des ſubſtances, ſelon tous les Philoſophes: autrement les pommes meſmes d'vn ſeul pommier differeront d'eſpece, veu que les plus vertes contiennent moins de ſel & de ſoulphre, que les plus meures: & le veau ne ſera de meſme genre ou eſpece que la vache qui l'a faict: car au veau il y a bien moindre quantité de principes qu'en la vache: voire le veau en croiſſant changera de genre, d'eſpece, & d'indiuiduité, & ſera preſque impoſſible de trouuer deux animaux de meſme genre & eſpece, parce qu'il ſera preſque impoſſible d'en trouuer deux qui ayent meſme mixtion & contemperation des principes ſelon la quantité, & ainſi des plantes. C'eſt pourquoy les monſtres ſeroient tres-frequens, & n'y auroit eſpece qui ſe peuſt conſeruer, & empeſcher de paſſer en autre eſpece, qui ſont toutes choſes tres-abſurdes, & fauces par dela toute exorbitance.

De plus, ie somme Villon & de Claues pour preuue de leur These, de prendre leurs principes, & les mesler & contemperer selon telle quantité ou proportion qu'ils voudront, pour veoir s'ils pourront faire vn naueau ou vn lapin, ou vne perdrix, ou vne carpe, encore qu'ils prennent les mesmes principes de ces mixtes: Depuis que le monde est monde on n'a iamais veu, on ne void, ny on ne verra sortir de l'ouurage d'vn Chymiste ny plante ny animal: & si comme vous pouuez penser, considerant le nombre de ceux qui trauaillent ou pour la Medicine ou pour la transmutation metallique, les principes ont esté meslez & remeslez selon vn nombre infiny de proportions: Ce qui partant seroit arriué quelques-fois par hazard, si les plantes animaux & autres mixtes n'estoienr produits que par la seule mixtion & contemperation des principes selon la quantité sans production d'aucune autre entité, comme dit la These. Finalement il n'y auroit aucun mixte qui fut vn par soy, ains tous le seroient par accident & aggregation comme la composition d'vn Apotiquaire, ou d'vn Cuisinier; qui prenans tant de l'vn, & tant de l'autre, puis meslans & cuisans le tout, font vn mixte tout semblable à celuy de Villon. Auquel ne pourra seruir de dire que l'vnité des mixtes naturels est faicte par Nature, & celle des artificiels par art; Car l'vnité par soy d'vne chose vient d'vn principe interne, & non d'vn externe, comme est la cause efficiente.

Or il excepte en sa These le composé humain pour deux raisons. La premiere pour euiter l'heresie où il tomberoit necessairement que l'homme fut de mesme espece infime qu'vn chat, ou vn crapault, ou vne citroüille, puis que tous selon sa These ne different point d'espece; Differents seulement selon le plus & le moins en quantité: Et partant que le Verbe n'eust pas plustost pris la Nature de l'homme que celle d'vn autre mixte. La seconde parce qu'il donne à l'homme vne forme substancielle tielle par sa 2. these, laquelle neantmoins il veut subsister sans aucune matiere: Mais il ne faict que s'embarasser & engluer de plus en plus, car il faut qu'il confesse de deux choses l'vne : Ou que la forme humaine informe les principes meslez temperez & vnis, comme ils sont en l'embryon auant la creation d'icelle forme : ou qu'elle ne les informe point. S'il dict le dernier, doncques la forme ne sera qu'assistante, & l'homme sera vn composé par aggregation & vn par accidét, parce qu'en luy y aura deux natures reellement distinctes, puis que la seule mixtion & vnion des principes auant l'arriuee de la forme faict vne nature complete : Er partant en Iesus-Christ y aura plus de deux natures, voire nature de quelque mixte que ce soit. Que si elle les informe, elle informera donc vn composé parfaict, & vne nature complete: car par la these 7. la seule mixtion, contemperation & vnion des principes faict vn composé & nature complete, autrement le beuf ne seroit nature complete. Et ne peut l'ame suruenante à la mixtion & vnion des principes, empescher cest effect, quelque raison qu'il puisse apporter pour l'exception: car à son arriuee elle ne chasse ou destruit aucune autre forme ou entité annexee aux principes par la mesme these: ains seulement informe ce qu'elle trouue de faict, qui est vne nature complete. D'où s'ensuyuront tousiours les mesmes erreurs & heresie que dessus, sçauoir qu'en l'homme y aura nature d'homme & nature de quelque autre mixte que ce soit: Et partant qu'en Iesus-Christ y aura aussi nature diuine, nature humaine, & nature de quelqu'autre mixte que ce soit, qui est tres-euidemment vne heresie detestable.

Mais pourquoy me suis-ie arresté a ceste these, puis qu'estant fondee sur la negation des formes substantielles que i'ay prouué fauce cy-deuant, elle estoit par ceste preuue suffisamment refutee? C'est pour mieux representer l'aueuglement & fauce doctrine de Villon : Et combien les formes sont necessaires, puis que luy les reiettant, a esté contrainct ou de laisser toutes choses en confusion, sans distinction de genre ny d'espece, ou de prendre ses differences specifiques & generiques de la diuerse mixtion & contemperation des principes selon la quantité, ce qui est toutesfois impossible à cause des absurditez cy-dessus qui s'en ensuyuent.

Refutation de la These. 9.

CEste these est vne consequence de la septiesme. Car si de la diuerse mixtion & contemperation des principes depend l'espece, aussi les actions & mouuemens de l'espece en dependront. Mais l'antecedent estant faux comme nous auons prouuè cy-dessus, la consequence l'est pareillement.

Refutation de la These. 10.

NOus auõs veu iusques icy qu'el. le est la doctrine de Villon touchant les generations & les substances : voyons maintenãt s'il sera meilleur Philosophe touchant les alterations & accidens, dont il nous descouure ses conceptions nouuelles & releuees en la dixiesme These, laquelle refutant comme absurde & tres-fauce. Ie dis que si les Peripateticiens ont songé, Villon a resu tout à faict sur les alterations Physiques, & les 4. premieres qualitez chaud, froid, sec, & humide. Car au lieu de ietter l'œil de son esprit sur les qualitez actiues qui sont les plus nobles & capables d'instruire l'esprit sçauoir le chaud & le froid ; il s'est laissé piper par les qualitez passiues l'humide & le sec : Et ne voyant rien s'humecter que par reception ou addition de substance humide : ou se dessecher que par deposition & eua poration de la mesme substance; sans mieux esplucher l'affaire, il en a sur le champ prononcé son arrest, & dict que iamais il ne se faict aucune alteration physique, sans addition ou detraction des principes, ou diuerse mixtion d'iceux.

Mais voicy comme ie veux faire passer sa resuerie. Si ceste These estoit veritable aucun corps ne se pourroit eschauffer, sans addition ou diminution de ses principes, ou diuerse mixtion d'iceux; car la calefaction est vne alteration Physique, mais ceste consequence est fauce, doncques la These l'est aussi.

Ie preuue la mineur par l'experiẽce, tant des corps simples que des mixtes, & prens premierement vn corps simple de la cinquiesme These, par exemple le soulphre tant reduit à omogeneité qu'on voudra par la sixiesme These; i'en emplis vn vase & le seelle du seau d'Hermes, puis ie le mets au feu pour eschauffer. Ie demande à Villon & de Claues s'il s'eschauffera? ie ne pense pas qu'ils

me disent que non: & ne seroient p
si fols, que de venir presenter le
main au naturel sous le vase, qua
apres l'auoir eschauffé ce qu'
pourroit, on viendroit à le casser.
puis s'ils pouuoient faire vne si gra
de merueille de Nature que de re
dre vn corps à ce poinct de ne po
uoir estre eschauffé par le feu, ils
seroient à s'en vanter & en faire n
stre, car il seroit achepté par rar
ce qu'ils voudroient. Ils diront c
que le soulphre s'eschauffera.
moy ie dis que ce sera donc sans
dition diminution ou mixtion
principes, puis que par la cinqu
me These il n'en a point, & qu
vase est plein, & seelle hermetiq
ment, & voyla la resuerie passee,
il n'y a rien à chicaner la dessus.

Et pour precaution à l'aduenir,
tre les mixtes ie prens l'or, trest
purgé par l'antimoine, & le mets
les charbons pour eschauffer: ma
ne veux pas qu'il fonde. Il s'esch.
fera & ne le faut plus demander
dis donc en premier lieu que ce

ſans addition de principe ou ſubſtance, autrement de Claucs ſeroit bien de ſon pays de ſi long-temps s'amuſer à chercher la pierre Philoſophale pour auoir de l'or à ſouhait, puis que la multiplication de l'or ſeroit ſi facile, car plus long temps & plus fort on l'eſchaufferoit, & plus il s'augmenteroit. Or ce ſera auſſi ſans diminution, ſelon l'opinion de tous les Chymiſtes, qui tiennẽt que l'or pur eſt fix, & ne ſe diminuë point au feu meſme de fuſion : ou s'ils ne s'en veulent rapporter à eux, il s'en faudra rapporter à la balance & au poids, qui ſans parler ny ergotiſer decideront ce poinct ; car plus au long temps & plus fort on l'eſchaufferoit, plus il ſe diminueroit de ſubſtance, & par conſequent de poids, contre l'experience. Finalement ce ſera ſans mixtion des principes. Car la mixtion eſtant ſelon les Chymiſtes vne entree des parties l'vne dãs l'autre, elle ne ſe peut conceuoir ſans mouuement local des parties qui ſe meſlent, mais en l'or qui demeure en sa masse sãs se fondre on ne sçauroit imaginer vn mouuement local des parties : Et le mesme se peut asseurément dire du verre, bien qu'il soit corps simple.

Mais prenons du bois ou vne herbe, & les mettons dans le feu, car ces vegetaux & corps euaporables les ont trompez, ie demande par lequel des trois moyens cydessus s'eschauffera le bois? ils ne diront pas par addition, veu qu'il ne s'en faict point: car au cõtraire le feu quant & quant s'attaque à la dissolution du composé & separation ou euaporation des parties euaporables : ils ne diront non plus par mixtion des principes, puis qu'au contraire ils se demeslent & separent : ils diront donc que cest par separation des principes, mais ie demande de quel? car tel deuoit retenir le composé en sa froideur : s'ils disent de leau ou esprit acide qui sortent les premiers, ie demande encor s'ils n'ont point esté eschauffez du feu? ils n'oseront dire que non, & si leur vapeur passoit par vn trou, ils n'y n'y oseroient arrester la main: ils ont doncques esté eschauffez sans addition diminution ny mixtion de leurs principes, puis qu'ils n'en ont point, & ainsi des autres : & encore ainsi de la refrigeration.

Qu'es ils ne se contentent de ce que dessus, qu'ils prennent leurs principes en telle proportion qu'ils voudront & les meslent, adioustant & diminuant comme bon leur semblera exposez à l'air d'vne furieuse gelee, pour veoir si le composé s'eschauffera ; Ou qu'ils les meslent & proportionnent aux rays d'vn ardât Soleil, ou en lieu chaud ; pour veoir si par mixtion, additiõ, ou detractiõ, ils conceuront la froideur. Sans doute voyla de grandes ignorances pour des gens qui font littiere d'Aristote, de Paracelse & des autres plus grãds Naturalistes!

Il est doncques tres-notoire par les experiences cy-dessus que les principes l'or, le verre, le bois, & tous corps sublunaires exposez au chaud ou au froid s'eschauffent, ou refroidissent formellement, non par addition, diminution ou mixtion des principes, mais par introductiõ d'vne nouuelle entité accidentelle, qui est la chaleur ou la froideur; le subject demeurant inuarié selon la quãtité de la substance, pour le moins és corps non euaporables. Et quant à l'exsiccation & humectation elles se font aussi sans addition ou diminution, lors que dans vn vase seellé hermetiquement il se faict conuersion d'vn element ou principe en l'autre, sçauoir, du sec en l'humide, & de l'humide au sec comme nous auons dict cy-dessus auec les Princes de la Chymie. Et partant la dixiesme These est toute fausse.

Refutation de la These. 12.

EN ceste These il nie les qualitez virtuelles productrices des premieres. Surquoy faut sçauoir, que par les premieres s'entendent les 4. qualitez actuelles ou elementelles chaleur, froideur, ſechereſſe, & humidité, leſquelles produiſent leurs ſemblables vniuoquement. Or l'experiẽce nous teſmoigne que la chaleur par exemple eſt produicte non ſeulement par les corps qui ſont chauds actuellement, cõme le charbon ou la flamme; mais auſſi par des corps qui ne le ſont pas: Ce qui a fait dire que puis que sãs chaleur actuelle ils eſchauffoient, ils auoient vne chaleur virtuelle, & ne peut eſtre autrement.

Ces deux ſortes de chaleurs different ſelon ce que ie remarque en ſix façons fort euidentes. La premiere & principale eſt que la chaleur virtuelle eſt intrinſeque, & ne ſe peut ſeparer du ſubiect ſans corruption d'iceluy; comme la chaleur intrinſeque du feu, ou la froideur intrinſeque de l'eau: mais la chaleur ou froideur actuelle, ſont extrinques paſſageres, & qui peuuent eſtre ſeparees de quelque ſubiect que ce ſoit ſans corruption d'iceluy, ou de perditiõ de ſa nature. Ainſi la froideur de l'eau ſenſible à l'attouchement, eſt externe, paſſagere, & qui ſans corruption ou de perdition de la nature de l'eau ſe ſepare en l'ebullition : Et tout de meſme ſe peut donner l'element du feu froid exterieurement, comme i'ay ia marqué en mon Anatomie du Monde ſublunaire : Et la chaleur meſme du charbon ou du fer ardant n'eſt qu'externe & ſeparable du charbon & du fer. Par ou ſe void que la chaleur virtuelle ou intrinſeque, eſt compatible auec l'extreme froid externe, & la froideur interne tout de meſme compatible auec l'extreme chaleur externe.

La ſeconde difference entre ces qualitez eſt, que la chaleur & froideur actuelle ne ſe peuuent trouuer qu'és corps ſublunaires, ſimples & mixtes: car les corps celeſtes ne ſont ſubiects à eſtre refroidis ou eſchauffez de chaleur ou froideur externe & paſſagere d'ou s'ẽſuit que la chaleur ou froideur actuelle eſt purement elemẽtelle. Mais la chaleur ou froideur virtuelle, ſe trouue en toute ſorte de corps celeſtes, & ſublunaires, ſimples, & mixtes. Ainſi le Soleil, Mars, & autres Aſtres eſchauffent par chaleur virtuelle. Ainſi la terre & l'eau eſchauffees reuiennent par leur virtuelle froideur, à froideur actuelle. Ainſi le poiure & la graine ou fueille de laurier, quoy que cueillis pendant vne extreme gelee, eſchauffent quant & quant qu'ils ſont maſchez. Ainſi l'hypocras, & le muſcat, quelques froids qu'ils ſoient beus, eſchauffent tout ſoudain. Ainſi les boüillõs auec laictuë, cichoree, pourpier, ozeille, & ſemblables, rafraichiſſent le corps, quoy qu'on les hume chaudement. Ainſi le vitriol, l'alun, les eaux fortes, & les ſouphres, & ſels des mixtes (qui ne different en nature d'auec les elemens) bien qu'on les prenne expoſez à vn air tres froid, & par conſequent froids à l exterieur, eſchauffent tout ſoudain qu'ils ſont appliquez. Et ainſi de tous autres corps.

La troiſieſme difference grandemẽt remarquable eſt, que la chaleur virtuelle des corps celestes agit auec distance, & sans attouchement du suppost, mais la chaleur virtuelle des choses sublunaires, n'agit qu'auec attouchement du suppost. Aussi en reuanche leur chaleur ou froideur actuelle agit auec distance : Et ainsi la flamme & les charbons allumez eschauffent de loing: ainsi l'eau & les fueilles de nature froide espanduës dans la chambre d'vn malade, le rafraischissent: & ainsi le globe de la Terre & de l'eau refroidit la moyenne region de l'air, comme nous auõs clairement demõstré en nostre nouuelle anatomie du monde sublunaire.

La quatriesme est, que les qualitez actuelles agissent vniuoquement & ne peuuent produire que leurs semblables qualitez actuelles & passageres: Mais les virtuelles agissent equiuoquement, & produisent les actuelles. Et c'est en quoy se trompent grandement ceux qui voyans le Soleil le feu, & vn cheual produire tous trois en vn ou diuers corps, la chaleur paſſagere ou actuelle ; tirent tout ſoudain conſequence, que les cauſes productrices ſoient de meſme eſpece que l'effect , & partant toutes elementelles.

La cinquieſme eſt que les virtuelles ne corrompent iamais leur ſubjet, parce qu'elles ſont intrinſequement naturelles , mais les actuelles tendent à la corruption de leur ſubjet, ſi elles ſont contraires à l'interne & virtuelle ; ou ſemblables mais par trop excedentes.

La ſixieſme eſt , que les qualitez virtuelles productrices des contraires actuelles ſont en ſouuerain degré compatibles en meſme ſubjet, comme appert en la Medecine vniuerſelle , laquelle ſelon le dire des Maiſtres en l'art , eſt virtuellement chaude, froide, ſeche , & humide, au ſupréme degré , c'eſt pourquoy elle reſchauffe tout corps trop froid ; refroidit tout corps trop chaud, deſſeiche le trop humide , & humecte le trop ſec, par ſa tres-ſimple nature, en laquelle les contraires qualitez &

complexions ont esté faictes vne mesme chose, ce qui ne conuient à quelqu'autre corps sublunaire simple ou mixte que ce soit : Mais les contraires qualitez actuelles sont incompatibles, & se chassent de quelque subjet que ce soit ou se diminuent l'vne l'autre, iusques au degré ou s'estend leur pouuoir.

Doncques par le discours que dessus il est tres-manifeste qu'il y a des qualitéz virtuelles, & comme elles different d'auec les actuelles, & que ce point qu'on a tenu iusques icy en Philosophie & Medecine vn des plus difficiles de la Physique, est vn peu mieux desbroüillé & esclaircy en ceste sorte, qu'il n'est au pouuoir de Villon de le demesler sans les qualitez virtuelles, en quelque façon qu'il puisse discourir sur le sel, le soulphre, & le mercure ; desquels mesmes i'ay dit tout ce qui s'en peut dire de vray, sçauoir qu'ils ont leurs qualitez virtuelles, & sont subiects à semblables & contraire actuelles: Voire mesme par ceste distinction de qualitez effe-

ctiues,

ctiues, i'eſpere vn iour de publier quelque choſe de grand & fort nouueau; mais bien tiré de bons principes, ſur la Nature des corps celeſtes.

Refutation de la Theſe. II.

ICy il dict deux choſes tres-fauces; la premiere eſt, que le feu eſt le plus humide de tous les corps. Or Ariſtote & ſa ſecte (leſquels Villon appelle en ceſte Theſe le vulgaire ou la lie des Philoſophes) ont dict que l'element du feu placé ſous la Lune eſtoit chaud en ſupréme degré, & ſec en mediocre, & non en ſupréme cõme impoſe Villon; lequel au contraire dict en ſa neufieſme theſe, que ſous la Lune n'y a point de feu elementel, qui n'eſt autre choſe que le Ciel empiree; ce que nous auons refuté par les abſurditez & hereſies qui s'en enſuyuroient, ioinct que ſi ce feu eſt tres-humide, cõme dict Villon, c'eſt donc d'humidité actuelle, car il n'en admet point de virtuelle; mais comme nous auons dict contre la These douxiesme, les quatre premieres qualitez actuelles ne se trouuent qu'au monde sublunaire. Le feu doncques elementel de Villon ne se trouue en aucune part du monde sublunaire ou superlunaire: & par consequent il est faux de dire que c'est le plus humide de tous les corps, car il seroit corps & seroit en quelque lieu: or n'estant ny corps ny en lieu il est vray que l'exsiccation qu'on luy attribueroit seroit imaginaire. Mais ie veux admettre son Element de feu ou il voudra; par ou le dira-il le plus humide de tous les corps? par la definition qu'Aristote donne de l'humide ? prouuant par icelle que le feu estant le plus subtil & rare des elemens, il est par consequent le plus difficile à se terminer de son terme propre, & le plus facile à se terminer d'vn autre Il n'est pas le premier qui l'a dit, cela est vieux, encor que Campanella le renouuelle deuant que Villon. Mais si ie luy dis que la definition d'Aristote n'est pas essencielle (cōme en effet elle n'est pas) où en sera-il, & par quelle autre raison prouuera-il la supréme humidité du feu? Ie croy qu'il aura beau loisir de se chauffer & dessecher auant qu'en trouuer vne bōne. Ioinct que s'il est le plus humide de tous les corps, il sera donc le premier humide, ou premier principe d'humidité en la Nature, duquel par consequent tous les autres corps prendront leur humidité par admixtion, tout ainsi qu'ils participent la chaleur & froideur par admixtion, seulement des premiers principes chauds & froids, suyuant sa dixiesme These, & partant faudra, ou qu'il nie l'humidité des mixtes, ou qu'il recognoisse en iceux vn sixiesme Element, sçauoir est le feu ou le Ciel empiree, qui est tout vn selon Villon. Mais il n'en recognoist que cinq.

Il dict en second lieu que la Terre

est plus legere que l'Eau. Or il faut necessairement faire comparaison de ces deux corps, ou selon leur nature, ou selon leur quantité. Quant à la nature, l'experience conuaincra quand & quand la These de faucceté, car vn grain de sable ou petite balotte de terre, tombe au fond d'vn estang, puits, ou riuiere: & par consequent selon l'essencielle definition des legers ou pesans selon nature, le grain de sable est plus pesant que toute l'eau de l'estang, puis qu'il descend au dessous. Et pour la quantité, l'experience sera encores tout à fait contre luy: Car le sel fix contient la partie terrestre des mixtes, dont la Terre damnée faucement posée par Villon pour vn des principes, n'est qu'excrément selon tous les Artistes: Si doncques par la violence du feu on reduict ce sel en verre, & que de ce verre on face vne boule ronde, & qu'on aye vne bouteille de verre bien ronde pleine d'eau, en sorte que les diamettres de l'eau & de la boule ſoient égaux, l'eau ne peſera qu'enuiron la moitié de la boule. Et ſi Villon auoit à ſouſtenir ſa Theſe contre vne douzaine de porteurs d'eau, qui au lieu de cruches pleines d'eau, euſſent penduës à leurs crochets des maſſes de verre d'égale groſſeur ou quantité aux cruches d'eau, ie croy qu'apres belles injures au lieu de raiſons, ils le forceroient à ſe dedire par l'experience, & que l'eſpaule luy en cuiroit : Car meſmes vne pierre nage ſur le verre fondu.

Refutation de la Theſe 14.

En ceſte derniere Theſe il donne ſon dernier coup de dent à Ariſtote, lequel il calomnie, baffouë, & luy impoſe pour auoir refuté deux folles opinions des Anciens. La premiere eſt d'Anaxagoras & d'Empedocles, qui diſoient que toutes choſes eſtoient en toutes choſes. Et Villon le dit auec eux, voire ne ſçauroit dire le contraire ſans ſe contredire. Car poſant par ſa 7. Theſe que les differences generiques, & ſpecifiques, procedent ſeulement de la diuerſe mixtion & contemperation des principes, ſelon la quantité & vnion d'iceux, ſans production d'aucune nouuelle entité: Et la diuerſe mixtion & contemperation ſelon le plus & le moins en quantité ne pouuant changer, ou faire differer les eſpeces ſubſtantielles, comme i'ay prouué refutant icelle Theſe : Ce ſera ſans doubte à ce coup que Villon contre le Prouerbe aura faict d'vne mouſche vn Elephant, voire vne Balene, vn Auſtruche, vn cheſne, vn choux, vn diamant, de l'or, & toute autre eſpece de mixte tout enſemble. Car la mouche ne pouuant par le plus & le moins en quantité differer d'eſpece auec aucun d'iceux, elle ſera de l'eſpece d'vn chacun d'ceux.

Et Villon ne s'en cache point en ceste These, ains le confirme: maintenant fort & ferme contre Aristote que toutes choses sont en toutes choses. Mais ceste absurde resuerie qui porte heresie, est assez suffisamment refutee cy-deuant.

La seconde est de Democrite qui disoit que toutes choses estoient cõposees d'vn concours d'atomes ou indiuisibles. Or il eschappa vn iour à Villon de me dire comme il la vouloit expliquer: sçauoir que par atomes ou indiuisibles, il ne vouloit entendre les atomes qu'on voit en l'air aux rayons du Soleil, ou autres semblables indiuisibles; mais des natures indiuisibles en autres natures, comme sont les elemens ou principes, sel, souphre, & Mercure Et ainsi peut estre se voudroit il expliquer en beaucoup d'autres choses.

Mais cela n'est-il pas vne pure fourberie & imposture? Car ou trouuera-il qu'Aristote aye impugné les atomes ou indiuisibles selon ce sens, luy qui au 5. de la Metaphysique, texte 4. definit l'element, ce dequoy premier introduit, & indiuisible en autre espece, quelque chose est cõposee? Et la matiere & la forme sont ce pas des indiuisibles, selon le mesme sens? Mais ou trouuera-il pareillement que Democrite l'aye entendu de la sorte? Et qui a peu mieux sçauoir comme il l'entendoit ou Villon ou Aristote qui estoit peu apres le temps de Democrite. Apres cela ie ne pense pas qu'il se trouue personne qui ne le blasme d'auoir sur ces deux opinions accusé Aristote d'ignorance ou de malice, ny qui le loüe de les soustenir de la sorte.

Voyla doncques refutees les 14. Theses de Villon, qui au bas d'icelles nous menassoit de faire beaucoup plus de mal: Sçauoir de renuerser aux Theses suiuantes qu'il promettoit soustenir, tout ce qu'Aristote, Paracelse, & les Cabalistes (qui sont trois grandes & celebres sectes où il paroist en ces Theses

fort

fort ſçauant)auoient dict des qualitez & mixtions des Elemens, generation & alteration des meteores, & de la nature & proprieté des Cieux. Mais ie penſe que ny icy, ny autre part il ne le fera pas sãs y mieux ſonger qu'il n'a faict à ſes Theſes; leſquelles comme i'ay faict veoir par diſcours nullement forcé, impugnẽt autant de veritez quelles contiennent de poincts. Ce que Villon & de Claues ne peuuent auoir faict que par grande ignorance, ou par malice d'eſprits de contradiction, & ennemis naturels de la verité. Mais parce qu'on doit touſiours pancher du coſté le plus doux & moins criminel, i'eſtime que c'eſt pluſtoſt par ignorance accompagnee d'ambition & de legereté.

Si bien que de tout ce que deſſus, il ne ſera ny difficile, ny mal à propos de tirer ceſte derniere concluſion. Que Villon & de Claues ſont deux eſprits volatils, encor plus mal-ayſez à fixer que l'arſenic ny le Mercure:

ou bien qu'ils ſont deux mixtes in-corporels, ou il ne manque ny ſoulphre ny mercure; mais il y manque du ſel.

FIN.

Approbation des Docteurs de Sorbonne.

NOvs soubs-signez Docteurs en Theologie en la faculté de Paris, certifiõs auoir leu & examiné le liure intitulé, *Refutation des Theses erronees d'Anthoine Villon, soldat Philosophe &c.* Par Iean Baptiste Morin, Docteur en Medecine: Et n'y auõs rien trouué qui ne soit orthodoxe. Mesmes auons recognu lesdites Theses estre bien refutees au liure susdit. Faict à Paris le 9. iour de Nouembre 1624. Signé I. Charton, & A. Pecoul.

Extraict du Priuilege du Roy.

PAR lettres de sa Maiesté addressees à ses amez & feaux Conseillers les gens tenans ses Cours de Parlement, Baillifs, Seneschaux, Preuosts, Iuges ou leurs Lieutenans & autres ses officiers, ainsi que chacun d'eux appartiendra. Il est permis à Iean Baptiste Morin, Docteur en Medecine, de faire imprimer, vendre & debiter par tel Imprimeur, Libraire ou autre personne que bon luy semblera vn liure par luy composé, intitulé, *Refutation des Theses erronees d'Anthoine Villon, dict le Soldat Philosophe, & Estienne de Claues Medecin Chymiste, par eux affichees publiquement contre la doctrine d'Aristote &c.* Pour le temps & terme de six ans. A comter du iour de ladite impression paracheuee. Auec deffences à toutes personnes de quelque estat & condition qu'ils soient d'en faire, ou faire faire l'impression, vente ou debit pendant le temps susdit, sans la permission dudit Morin, à peine de confiscation des exemplaires, & de mille liures d'amende. Ainsi qu'il est plus à plain porté ausdites lettres donnees à Paris le 9. iour de Nouembre, l'an de grace mil six cens vingt-quatre.

Signé par le Roy en son Conseil, le Maire. Et scellees de cire iaune.

Fautes de l'Impreßion.

Pag. 5. lig. 8. reclamer. p. 12. li. 2. luy-mesme. l. 16. qu'elles. pa. 15. lig. 11. choses. li. 16. introduction. p. 29. lig. 6. que lisez plus. pa. 54. lig. 12. & 13. puissance. pag. 56. lig. 24. 25. voyant. pag. 25 lig. 3. n'ha. lig. 6. ha. pag. 103. lig. 15. infime. pag. 105. lig. 2. doncques. pa. 87. lig. 17. 18. plus long temps. pag. 96. l. 26. contraires.

www.ingramcontent.com/pod-product-compliance
Ingram Content Group UK Ltd.
Pitfield, Milton Keynes, MK11 3LW, UK
UKHW021102260726
13994UKWH00002B/657

9 782329 491042